職場生活叢書系列(一)

我很喜歡
我的工作……

是 Getting Along With People @ Work

讓我受不了

魏梅立◎著
鄧明雅◎譯

所羅門王的箴言

「敬畏耶和華是知識的開端」

箴言1：7

你
要專心仰賴耶和華
不可倚靠自己的聰明
在你一切所行的事上
都要認定祂
祂必指引你的路
不要自以為有智慧
要敬畏耶和華
遠離惡事

箴言3：5-7

致謝

本書
承蒙基督教佳音電台前台長兼「Office EQ」主講人紀惟明，
在百忙之中抽空閱讀本書，並作推薦序；
又蒙台北基督教女青年會副總幹事聶浮屏、
「700俱樂部」志工、前中學老師王莟雲，
在主裡多方支持、鼓勵，並做初步校稿。
不勝感激。謹此致謝！

上班族壓力的最主要來源

在基督教佳音電台主講『Office EQ』節目近十年，嘗試將聖經原則應用於各式各樣的辦公室問題。常有聽眾問起有什麼書可供參考，總是感嘆很難找到一本既切合職場情境，又能活用聖經原則的實用書，很高興終於有一本這樣的書可推薦給聽眾了。

本書主題是職場的人際關係，從我主持節目和聽眾互動多年的經驗，人際關係恐怕是大多數上班族壓力的最主要來源，也是最影響上班族情緒的原因之一。

人通常將人際關係問題歸咎於對方，期盼有朝一日對方良心發現，主動改變態度，但這希望常落空。其實人際關係問題，反應出的是個人的生命缺陷，也正是個人生命成長的契機。關係之所以變得緊張，雙方都應負責任，解鈴還需繫鈴人。若有一方改變，關係自然和緩；對方獲得鼓勵，就產生改變的意願。改變自己的態度比起改變別人理應容易些，若連自己都不能改變，又如何能期盼別人改變呢？很高興作者也持同樣觀點。

在書中作者提出十三項處理職場人際問題的聖經原則，每項原則佐以實際的應用步驟，同時以生動的例證說明如何應用，並指出通常面對這類情境人易犯的錯誤，以及錯誤反應所導致的後果，使讀者瞭解，為何神要人以看來不上算的態度處理人際問題。相信讀者讀後不僅瞭解解決問題的方法，也明白為什麼要如此行。

為了幫助讀者切實應用這些原則，在每章之後，作者貼心的設計了『個人成果評審』。告訴讀者，讀了這章可以採取什麼實際的行動。讀者若依據本書建議逐步實行，相信不但人際問題得以解決，生命也將更為美麗成熟。

作者曾任IBM高階主管多年，對職場各種人際問題有豐富的實務經驗，同時也對人性有深入的洞察。作者描繪了各種職場上的頭痛人物，頗讓人會心一笑。

職場各種人際問題，其實是反映出墮落人性的百態。而神的救恩正是要救人脫離醜陋人性的束縛，恢復正直高貴的人性。本書告訴我們，這樣的救恩絕非空談，藉著聖經神已經啟示了人類相處之道，這些原則也可適用於職場。作者告訴我們，應用聖經原則處理人際關係，絕不會吃虧，反得以享受神應許的祝福，其中最大的祝福就是喜樂。

正如作者所說，這是一本很實用又具有啟發性的書！

紀惟明

曾任佳音廣播電台董事長兼台長

佳音電台『Office EQ』節目主講

建立雙贏的人際關係

最近，本社一直在尋找一些論及基督徒如何待人處世才合宜的資料。現在，我們終於在陸續出版這類的書籍。

人與人相處是最難的一門功課，尤其是基督徒，常常面對與聖經所記載的原則相違背，或者根本行不通的情況。例如，耶穌說：「有人打你的右臉，連左臉也轉過來由他打。」你如何闡述這句話呢？有人無緣無故打你，你必定會反擊，這是很自然的事，哪有可能讓別人再打你呢？到底這句話的真正含意是什麼呢？

為了尋求這些答案，本書作者特別針對這方面加以探討，使我們更能體會基督徒待人處世之道。

東方的哲理認為「溫柔敦厚，容忍謙讓，察顏觀色，度德量力」是待人處事的十六字箴言。有人覺得，人不如意，處之以默；事不如意，處之以忍；能默能忍，自必雨過天青。但事實上，世事並不盡然如此。

本書作者，以聖經為準繩，提出十項屬靈原則，作為待人處事的指南，使讀者知道如何度德量力，拿捏分寸，應對進退，達成更充實的人生。我們的心智、能力、時間都有限度。作者希望你能在這限度內發揮這些原則，以便享有更美好的人際關係。

主編　卓甫鄉

為神，也讓神在你生命中得勝

　　這本書剛到我手上時，看來並不起眼！

　　就如寇紹恩所說，我對作者也一無所知，而且有關職場生活各個層面的書，比比皆是。再加上《標竿人生》、《愛呆西非連加恩》等好書連連，除非這本書確實有獨到之處，否則，就不能不考慮此舉是否值得！更何況，自己離鄉背井多年，中文丟失了不少，是否還能得心應手，也是個問題。

　　今天，我滿心感謝神，沒有讓我因個人先入為主的觀念，而失去編譯這本書的機會與榮幸。更感謝神，藉著編譯這本書，讓我深入的自我探索、反思，並對付自己過去許多的不是。

　　在翻譯的過程中，我多次掉淚，不僅因為羞愧（知道自己有太多的不足），也因為感嘆（原來自己在此道上並不孤單）；在過程中，我的心受責備，我的軟弱被光照，但我的靈也得安慰。不可否認的，神藉著作者向我挑戰：在重重的人際關係中，我是否為祂，也因此讓祂在我的生命中得勝呢？

　　這本書指出人際關係中設置規範的重要及內涵，教導設置規範的屬靈原則及方式，更道出契約關係與結構關係的優先次序及選擇錯誤的可能後果。每一章的開頭，都以聖經人物的成功與失敗，作實例。作者在書中，以她本人多年的歷練，將職場的人際關係，一步步的抽絲剝繭，諄諄教誨。字裡行間洋溢著她個人在靈裡的確信及操練。

　　這本書確實激勵神的兒女，對自己在神國度裡的身份當真，對神在意。它可以與《標竿人生》搭配，因為《標竿人生》是針

對個人內在靈命的再思；而《是「人」讓我受不了》則是針對靈命的活現。

的確，神並沒有創造我們活在真空裡。祂要我們活在人群中，活在錯綜複雜的人際關係中；在與人相處、共存、摩擦、衝突與對質時，結出屬靈的果子，活出基督的樣式，榮神益人。

在「修補破裂的人際關係」一章裡，作者就一般人對破裂的人際關係普遍持有的心態，寫出耶穌可以用五、六種很合理的應對方式，質問曾經否認祂的彼得。這段杜撰的對話，把當時可能發生的場面，生動的勾畫出來，讓人心碎！

作者說，當你無所適從的時候，效法基督！「去愛吧！」當你無計可施的時候，效法基督！「去愛吧！」當你無路可走的時候，效法基督！「去愛吧！」。不為了甚麼，只為了基督！

這句「去愛吧！」，一再重複，像槌子，一聲聲的敲打在心坎上！神的兒女，還能無動於衷嗎？

深願這本書幫助我們，懷謙卑順服的心志，憑著鍥而不捨的勇氣，屬天的聰明智慧，在職場上活出基督美好的見證，享受神所應許的喜樂與平安。

在基督裡
鄧明雅
寫於95年1月

目錄

引言　　　　人際關係的重要性與挑戰　◎魏梅立　　011

第一章　　屬靈原則1：神造我們活在規範中　　015

第二章　　屬靈原則2：讓人優先　　039

第三章　　屬靈原則3：與人同歡共泣　　049

第四章　　屬靈原則4：絕對的愛　　059

第五章　　屬靈原則5：作個好的聆聽者　　073

第六章　　屬靈原則6：可靠與忠誠　　083

第七章　　屬靈原則7：建設性的對質　　099

第八章　　屬靈原則8：多走一里路　　121

第九章　　屬靈原則9：修補破裂的人際關係　　129

第十章　　屬靈原則10：誠正、統合而不妥協的共事　　145

第十一章　與難以相處的人共事　　163

第十二章　與難以討好的老闆共事　　179

第十三章　人際關係改善的喜樂　　189

人際關係的重要性及挑戰

有人說：「人際關係是生活的砂紙。」這樣看來還真符合了職場上人際關係的情況。有些日子我們會覺得，在對付很能折騰人的同事、難以討好的經理或苛求的顧客時，自己好像真的被砂紙一再磨平。

光滑面的潤飾需要砂紙。在塑造我們的個性，發展我們的潛能及潤飾我們為人的過程中，這些人際關係同樣也是我們生命中很重要的一部分。長久以來我常說，出現在我們生命裡的人，沒有一個是偶然的。聖經教導神的主權掌管每件事；沒有一件事會令祂驚異；每一件事都事先經祂過目，才臨到我們。因此我們在職場上所碰到的人，連那些不懷好意、動機自私、個性令人厭煩的人全包括在內，都是神的心意，允許他們進入我們的生活圈。他們之所以成為我們的同事、經理或顧客，是有原因的。

有一句經節這麼說：「若是能行，總要盡力與眾人和睦。」（羅馬書12：18）這是我們在所有人際關係上，包括職場上的人際關係在內，都需要學習的功課。對持守屬靈原則，效忠神的人而言，他們與眾不同的地方在於：他們的待人處事有更崇高的標準在衡量。

其他人也許隨波逐流，以一般人普遍公認的原則彼此相待，如「留意第一優先」、「別承受任何胡言亂語」或者要「挺身維護你的權益」等等。他們可能無意「與眾人和睦（相處）」，然而，我們卻是為蛻變成基督的樣式這個目的而被召的。這是一個崇高的目的；是一個常與世界的見解脫節、脫軌的目的；更是一

個讓人難以理解、珍視的目的。但是對耶穌基督的門徒來說，它就是指引的準則。

　　無疑的，你已經發覺自己無法改變別人。基本上我們只能改變自己。這意味有些人際關係永遠不會讓人如意，因為別人不願意改善或改變。那是我們要學習放手，照章全收，接納那種人際關係的時候。

　　不過，只要我們努力，改進自己理解、溝通的方式，多半的人際關係是可以改善的。這就需要我們採取做僕人的態度，存樂意的心，對神的原則效忠，並願意謙卑。我們需要對如何改善人際關係更加關心，而不是只想證明自己是對的，要扯平，或居首位。當我們選擇以神的方式，而不是自己的方法來與人相處、共事的時候，就會經歷難以想像的自由和喜樂，人際關係的改善也會令人相當驚異。**神的道路不僅管用，還是最管用的。**

　　既然除了自己，我們無法改變別人，頭幾章我們就要查考十項重要的屬靈原則。這些原則應該左右我們的行事為人，和我們對待職場有關人員的態度。一般而言，我們很容易看見別人如何的錯、如何的需要改變。不過我們的挑戰是在，好好的看看自己，盡所能「與眾人和睦（相處）」。這樣，我們必須立刻停止責怪他人。聖經對我們在人際關係上的職責，有清楚的教導。但是，當我們仍然拒絕順從、遵行時，就絕對不能求神改變別人，或求神幫助我們改進自己的人際關係。

　　一旦你我執意地將這些原則付諸實行，幾乎不可能不帶動對方的改變。這些原則是那麼合宜，自然消除可能的疑慮，很少人會無動於衷。所以，當你考慮每一項原則時，要記住，如

果你決定身體力行，只會獲益，絕無損失。不管對方是否照你所預期的來回應，你仍然能享有平安喜樂，知道你已經盡了心意，做讓自己心平氣和的事。更何況你是將喜樂帶到神面前，這種收穫已經足夠了，這世界上還有什麼事更能令人心滿意足的呢？

作者　魏梅立

第一章

屬靈原則 1：神造我們活在規範中

是 讓我受不了

　　有位蠻有名氣的人，對著上千的人說話。他們渴慕抓住他所說出口的每一個字。這些人非常迫切的想聽他說話，為了能更接近他，他們幾乎彼此擁擠、踐踏。所以你可以想見他是多麼受人尊重！

　　當時群眾裡有個人請求說：「先生！你顯然是一個有智慧的大人物，我有個小小的請求。我兄弟和我因為父親留下的遺產爭執多年。他本來該與我分這份財產，卻一直不肯。可不可以請你為我們仲裁？我相信他會聽你的話，就能很快解決我們之間的糾紛了。」

　　這個大人物回答說：「抱歉，那可不是我的任務！我不是被差來解決財產的糾紛。我不是裁判官。有人是被特派來處理這種事，但那不是我。」他用這麼唐突、乾脆、直截了當的回答，結束了這段對話。

　　我相信你已經認出這個大人物就是耶穌。在路加福音12：13-14，你會找到上面我用白話說的故事裡的一句話，「老兄！誰派我作你們的斷事官呢？」如果你是耶穌的公關經理，我想你會建議耶穌用不同的方式處理。耶穌的應對實在不是好的公關措施。祂拒絕作祂可以輕易擺平，又妥善處理的事。但是祂既沒有解釋，又不覺羞愧，就毫不遲疑的拒絕了。

設限的必要

　　如果你是做那個要求的人，你會有什麼感受呢？也許會生氣，因為你指望耶穌替你解決這個問題；也許你會覺得很沒面子，因為祂在那麼多人面前回絕了你；也許你會覺得很沮喪，

因為現在你得想別的方法來解決你的問題。儘管如此，耶穌說：
「不！」

耶穌知道，祂在世上的生活及服事必須設定合理的界線，否則就無法在那短暫的幾年裡，完成神差祂來的任務。藉著持守適當的規範，祂對最終的目的保持專注，不讓其他事物來干擾祂，讓祂分神。

你懂得如何在自己的生命中效法耶穌嗎？

一個沒有設限的日子

讓我帶你隨著一個假想中的婦人「方笛」，過過她沒有設置規範的一天，然後看你能認同她多少。

＊　　　＊　　　＊

早上六點　鬧鐘響了，方笛狼狽地從床上爬起來，恐懼著那迎面而來的一天。她嘀咕著：「我內心裡該有的喜樂在哪兒呢？」方笛是耶穌的信徒，她誠心想做個屬神的人，但不知怎地，她的日子裡總是挫折多過喜樂。

然後她想起為什麼她這麼怕這一天。昨天她的老闆又交給她一個全新的企畫書，而且設定很不合理的期限，要她必須想法子在下午五點前完成。

洗了個戰鬥澡之後，她照例和青春年少的兒子混戰了一場。把他拖下床，準時送上學，是個沒完沒了的挑戰。他會在廚房裏把牛奶滴了滿地，留下亂七八糟的房間，還會記得「忘記」清除洗碗機這份差事（這星期可是第三次了），而且經常違反家規。

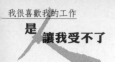

方笛常想，「為什麼我的兒子不能稍微合作一點呢？我知道他年少懵懂，但這就表示他可以隨心所欲嗎？」

方笛想辦法每天早上找點時間讀經、禱告，但得看當天的情況如何。如果兒子不出太多狀況，丈夫也能幫忙處理一些家務事，她多半辦得到。但那是個天大的「如果」！（如果一切如意的話。）今天，就像平常的日子一樣，丈夫情緒不好，又遲了，就把所有的碗筷丟給她，讓她去收拾亂糟糟的屋子。

早上八點　方笛終於離家上班了，她一面開著車在擁擠的公路上穿梭，一面想辦法把妝化完。雖然已經超速，她還是又遲到了。跑進辦公室時，她自言自語的說：「唉！老闆肯定對我老是不能準時上班又有話說了。即使我用午餐時間或晚上加班來補足，他還是會計較。」

她一頭埋進了那項企畫書中，略過了午餐，全速投入工作。然後，看哪！下午五點整，企劃書準時完成了。帶著一份自傲，她向老闆呈遞企畫書，等待老闆好好誇獎她的成就。但是他只說：「很好！方笛！我知道你做得到，你總能為我們達成任務。現在你既已完成這件……」你能相信嗎？他又有了一個很棒的主意，明天又會來一個新企畫書。所以，她什麼時候才能完成原先內定的例行公事呢？

晚上六點　沮喪又虛脫，方笛上路回家，再去面對她那天的第二項任務：她的家事。匆匆作完例行的晚餐，她想把堆積了好幾天的髒衣服洗好，她找丈夫及兒子幫忙，但他們都另有打算。丈夫打算看電視轉播的球賽，兒子要去朋友家。所以，

她只好壓抑滿腔的憤怒，嘆了一口氣，又鑽進待做的家務事中。

然後電話鈴聲響了。是羅莉，教會的朋友。她常常打電話給方笛，抱怨她的工作。方笛知道這下子又要花至少半個鐘頭的時間，來聽羅莉抱怨。方笛想盡好友之誼，但羅莉似乎從來也不想相應回報。她從來不聽方笛訴說她的苦衷，也不問方笛的處境如何，卻寄望方笛聽她好幾個鐘頭的訴苦。方笛想，「好吧！這大概就是作好基督徒的意思了。方笛！就做個僕人吧！」

晚上十一點　繁忙的一天終了，精疲力竭的方笛終於上了床。但她是帶了一大堆心緒上床的，就是虛脫、憤怒、自憐、內疚及失敗感等心緒。她這麼辛苦的工作，盡力達成每個人的寄望，竭力作個好妻子、好媽媽、好職員、好基督徒，但不知怎地，到頭來她生命裡卻沒有喜樂。

＊　　＊　　＊

如果你覺得方笛的故事聽來很熟悉，如果你在方笛身上看到自己的縮影，那麼繼續看下去吧！方笛的生活沒有設限，但是你可以學習設限的技能。

什麼是設限？

或許我們常常不自覺，但實際上生活中充滿規範，像圍牆、指標、樹籬、牆壁和欄杆等等。我們需要這些東西來使我們的社會生活有規律、上軌道，幫助我們免於受傷害，對抗犯罪及不義。沒有這些規範，我們會生活在混亂中。下面是一些設限的例

子：

- ●紅燈，停；綠燈，行。
- ●早上八點上班，下午五點下班。
- ●不可殺人！
- ●不准抽菸！
- ●晚上十點宵禁。
- ●危險！行人止步！

　　注意，上面所舉的例子是法律或有關當局在我們的日常生活中設定的規範，它們反映社會所公認的常規。但是大多數人從來沒有認清一件事實，就是我們若想避免在家庭生活裡出現翻天覆地的現象，或承受不必要的傷害，就必須設定個人的生活規範。這並不是說我們要在人與人之間築牆，或把自己孤立起來，更不意味我們要過以自我為中心的生活。而是說我們要確實瞭解，在什麼情況下必須劃上標界，說：「不了！就到此為止。」不是因為我們自私或懶惰，而是因為若沒有設限，就絕對無法完成神呼召我們去做的事。

職場的設限

　　最近有位在基督教機構工作的好朋友問我，他是否有權在他跟老闆的關係之間標上界線。他說機構裡一個主管說，他沒這個權，何況他的上司也是基督徒，他更應該對上司有求必應，認定那就是神要他作的事。

　　我告訴他，我無法贊同。因為連基督徒老闆都不見得清楚，在他們處理上司下屬的關係上，合宜的界線在那裡。雖然

設定必要的界線需要特別謹慎，要有心理準備，但它是你的權利，也是責任。

識別職場設限的需要

在任何職務上的人際關係中設限，可能都是一種挑戰：比如那個經常來到你桌旁聊天的人；不停的閒言閒語或對公司抱怨的人；那個經常打岔問你一些他自己就可以回答問題的人；習慣遲到或花太多時間打私人電話的同事；還有，不事先通知，或沒有什麼令人心服的理由，就指望你加班的上司。

我可以繼續說下去，但是讓你思索一下自己在職場的經歷，列下一張清單，會比較有幫助。寫下你確認出來的挑戰，同時思考在某個特殊情況中，你實際上擁有多少的掌控權。有相當完整的掌控權？有限的掌控權？或完全沒有一點掌控權？比方說，你若考慮到你的上司，實際上是一個經常在緊急狀態下工作，而且總是在最後一分鐘才把工作交給你的人，那麼在這種情況下，你大概就要寫你沒有控制權。

一旦做完了這個習題，你就可以開始思考，如何在職場標出有用的界線。

設限的方法

口語式的設限

多半的規範是以口語方式設定，而最基本的口語是「不」。這個字並不是壞字眼，實際上它是一個很必要、很管用的字。耶

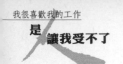

　　穌說：「你們的話，『是』，就說『是』；『不是』，就說『不是』；若再多說就是出於那惡者。」（馬太福音5：37）換句話說，「不」必須是你字典上的一個字，在適當的場合，適當的時間，清楚的使用，就沒有人會誤會。

　　練習使用「不」來應答並不是個壞點子，在你剛才認定的不同情況中，看看你是否能以客氣的否定語氣來說「不」。

● 「對不起，但是我現在沒法幫你。再十分鐘，等我辦完手上的事，就來你辦公室。行嗎？」

● 「不，今晚我沒法加班。但是下午三點以前，我如果能拿到文件，這份報告一定趕上您明早的會議。」

● 「我現在沒空聊。我們何不在這個週末找個時間，去喝杯咖啡再敘敘？」

　　如果你事先在腦子裡想好一些字句，打好草稿，當情況發生，時機到了，需要派上用場時，就能處理得很好了。

　　要記住使用正面的語句，你也能說「不。」例如：

● 「查查軟體上的解說，就能找到答案了。」

● 「當然，等我把這份報告作完，我會很樂意幫你。」

● 「只要這份季度報告能順延一週，我一定能如期交稿。」

非口語的設限

　　要常常記住，你的肢體語言所傳達的信息，比你說的話還響。當我還是IBM早期少有的年輕女銷售員時，就學到了這一點。我開始工作時，經理就警告我，要預防有些男客戶會做某

些曖昧的行動。但是過了好幾個月我發現並沒有發生在我身上
（謝天謝地！）這幾乎令我以為自己有問題！

有一天，當我和經理一起外出，我終於向他提起這件事。他回答：「梅立！很顯然的，當你走進客戶的辦公室，擺明是要去拿訂單，再加上你的肢體語言，就已經向你的客戶傳遞一個信息：『我沒時間跟你胡來！』」

我這才恍然大悟，自己非常專注在工作上，要達到每月的業績，根本沒想到我專業、敬業的舉止及「讓我們著手辦正事」的肢體語言，已經擺明讓我的客戶清楚識別我所劃下的界線。在許多不同的情況下，你也可以引用這個模式。以下幾個例子，是你可能碰到的有關設置界線的挑戰。

你有一個非常緊迫的期限，需要三個鐘頭完全不受干擾，才能完成。一個簡單的策略是，關掉你的網路、電子信箱，必要的話連電話線也拔掉，處境一定會改觀。同樣，你若有私人辦公室，把門關上。

你的辦公室或辦公的小隔間，位於人來人往很頻繁的地段。同事常常在那裡停下來聊天。我再說一次，如果你有辦公室，關上門。如果像多數人一樣不可能，那麼記住一個就近的溝通現象：當你與對方眼光對視時，表示你給對方許可，讓他可以跟你攀談。當你知道那個「聊天的老李」又來了，就要儘量把眼睛盯住你的電腦螢幕，或桌上的文件，要像你真的沉浸在工作中那樣。可以避免的話，千萬不要抬頭。

有時候重新安置你的桌椅也能改觀，尤其是如果那個愛講話

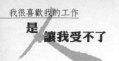

的同事就坐在你隔壁。儘可能不要面對或坐在靠近走道的地方，因為太方便說話了。你可能會發現主管或經理很高興，因為這種會提高工作效率的安排，解決了他們的一項問題。

心智的設限

跟其他事一樣，其實很多設限的成功與否，都始於也止於我們的心智生活。保羅建議我們要「將各樣的計謀，各樣攔阻人認識神的那些自高之事，一概攻破了，又將人所有的心意奪回，使他都順服基督。」（哥林多後書10：5）

這是個非常重要的主題，我們無法在此深入的解說。我寫的那本書《耶穌會怎麼想？》能幫助你學習持守這樣的心智。

你也許會跟一個想盡方法，用各種控訴、指責等方式來令你內疚、灰心的人共事。但只有當你讓自己繼續活在那些侵擾人的話語裡，他的計謀才能得逞。當你思索那些苛刻、不仁慈、粗魯的字眼時，你就很可能被侵擾、受挫折或生氣。藉著掌握住思緒，你能為自己設限，選擇該讓哪些事物進入你的思緒裡。

用健康的思緒來取代、刪除錯誤的思緒，並不是那種一夜就能熟練、精通的技巧，但你可以學習去獲得這些技巧。在你的情緒健康上會產生相當的果效。

最近一個年輕人告訴我，她的一個親戚很喜歡、也懂得如何運用一些字眼，像傷人的子彈，來讓她覺得內疚。我提醒她，只有當她一直在思索這些字眼的時候，這些話語才能傷她。因此，她面臨的挑戰就是要以正確的思維來取代錯誤的思維。其實她有個很棒的丈夫，生命中也擁有許多祝福。我鼓勵

她，每當腦海裡又開始重播那些傷人的話語時，就要開始數算這些祝福。

因為承受這些傷害多年，所以她所經歷的傷痛相當根深蒂固，需要一段時間才能熟練操作新的方式，來處理這些言語的攻擊。但，就像大多數人一樣，她有能力設下一個心智地界，把那些字句及評語摒除腦海之外。只要她不去想它們，它們就無從傷害她。

另有一個人告訴我，他的顧客用刻薄的言語罵他。這件事發生在十八個月前，但是當他述說的時候，聲音開始顫抖。很顯然的，他仍然在經歷當時的創傷。

我知道他從來沒學會怎樣在自己的心智上設限，我告訴他：「你必須讓這事過去。無禮的顧客是有他的「顧客權」，但人走了也就算了。是你自己把它個人感情化了。」他抗議說：「但是那人實在壞透了！」「不錯！」 我回答：「但你卻讓他傷害你，而且因為你一天到晚回憶它，回味它，就讓他一再傷害你。」

如果你不知道如何為心智設限，就會持續不斷地觸景生情。你無法控制別人說什麼，做什麼；但是你可以控制，到底你要讓這些話語，在你的心智裡佔據多少的時間跟空間。

與上司設限

有時候你需要在你與你上司的關係中設限，這是個有趣的挑戰。要是你採取合宜的行動，就辦得到。下面是一些訣竅：

採取行動之前，先為自己能心存正確的心態禱告。不要以無理或

強求的方式表達你的意願。對上司表示尊重，你也比較可能被禮遇.

設限。讓你的上司知道你能做多少、多快。如果要完成新的任務而必須把先前的職務擱置，就要請教他哪項該優先。

請上司說明職務及其優先次序。作上司的常常不善傳達或說明事務的先後次序。這樣常常令人感到挫折，也降低效果。讓你的上司知道，你願意儘量把工作做好，以達到他的寄望。建議他每天或每週排出時間來，與你共同檢視你的工作時間表、工作量及任務的先後次序，以便避免時間上的浪費。你可以提一件，最近因為不知道上司心中的優先次序而錯過期限的例子。

我們該在什麼地方設限？

這是個很難回答的問題。因為沒有兩種情況或兩個人是同樣的，所以我們得求神給我們屬天的聰明智慧。

基督徒生活是一個旅程。我們要蛻變成耶穌的樣式，而且要滿有不斷增強的榮光。就像哥林多前書3：18所說的過程，我們需要在設置適當界線的能力上長進。

但是這種長進不會隔夜產生。如果我們在未曾設限的型態中活了很久，要改變這種積習，也許要花一段時間，學習每天聆聽神的聲音。但是我們越快上路，就能越快脫離沒有設置規範的生活型態。因為這種型態會給我們帶來太多心力上的枯

竭、精神上的壓力及情緒上的憤怒。更糟糕的是，還會令我們放棄許多神已經預備好，要我們去做的事。

以弗所書2：10告訴我們，「我們原是神的工作，在基督耶穌裡造成的，為要叫我們行善，就是神所預備叫我們行的。」神為你的生命定了一個計畫，祂當然要你忙碌不偷閒。雖然有時你會疲倦、勞累，但是如果你活在設置得很有智慧的規範裡，就能繼續專注地做祂要你做的工作，而不會想跳越或闖入他人的生活圈裡。

你怎麼知道神要你做什麼好事呢？只有一條通路，就是通過祂的話語及你的禱告和默想，一步一步地漸進地去認識祂。我建議你開始每天禱告，讓羅馬書12：1，2 的經文，進入你的生命。

「主阿！我今天把自己當作馨香的祭奉獻給你，這是我屬靈的敬拜。幫助我！今天別讓我跟著這個世界隨波逐流，但藉著聖靈更新我的心智來改變我。主啊！今天我就可以驗證你在我身上的心意，就是你那良善、美好、完全的心意。」

然後，當你每天花時間讀經時，就尋找有關設限的原則，神的靈會把它們指點出來。下面就是兩個例子：

安息的原則。有關何時工作，何時休閒的事，神為以色列人設定特別的標界。神很清楚的說，七天中的一天要讓身、心、靈休息。這個標界的設置是基於相當好的理由，是神這樣造我們的。你是否每週休息一天？

心靈的原則。滿有智慧的所羅門，給了我們一個首要的優先原則：「最重要的是，保守你的心（勝過保守一切），因為一生的

果效是由心發出的。」這裡用的「心」字，跟聖經其他地方用的「心」字一樣，指出我們所有思緒及情感的基石。我們要保守這個中心點，在它周圍設立一些標界。但這是什麼意思呢？隨著我們每個人生命旅程所在的階段及所處的環境，答案會不一樣。

對一個單身的人來說，也許它的意思是，要留意讓你的心放在某一個可能成為你未來伴侶的人身上。如果你在這方面做了一個很差勁的選擇，就會帶給自己許多的痛苦及悲傷。

對其他的人來說，它可能意味著，要留意讓什麼思緒進入心智裡，因為你會轉變成自己思想中的人，因此當思想如何餵養自己的心智。如果有人想用讓你內疚，或藐視、控訴、批評等方式來入侵你的心靈，你就需要設置心緒，或甚至肢體的標界，來防止那人在你身上製造不必要的痛苦。

默想上面這段經文，求神指示你該在什麼地方「保守你的心」，也許祂對你某個特別的生活層面有特別的心意。

* * *

不久前有個非常成功的年輕主管打電話給我，因為他當時正面對一些不公平，且不符專業的待遇，而深感悲痛。跟他談了一會兒，我察覺他的心是糾纏在他商業世界裡的成就及地位，因此可以瞭解他有野心，渴望在公司裡更上一層樓。所以可以想見這個威脅，在他的專業生涯裡所導致的憂慮及悲痛。

他是很虔誠的信徒，所以我就溫柔的提醒他，需要「保守他的心」，以確保他的職業不會變成他生命中最重要的一部分。換言之，它絕不會在他心中佔據首位。如果他照著公司的標準來衡量他的成就，比依照神的標準來衡量更甚，那麼他會發覺他的心常受干擾。藉著保守他的心，來確保他依據屬靈原則來排列生命中的優先次序，他才能明白連這些不愉快、不公平的境遇也具有特別的意義，因為神能把它們轉變為對他有益。

兩種標界

我們需要在生活中設置兩種標界，一種是用來管理自己的生活，另一種是用來規範我們與他人的關係。

私人的標界

對這一類的標界我們有掌控權。我發現當我的私人標界很完善時，就比較容易處理我與別人關係之間所需的規範。

心智規範

限定哪些是我們該重視的事，決定我們將以什麼心態度日，就相對的取決了我們的言談舉止。

身體規範

為了身心的健康，我們要為自己設定規範，決定在每天的時

間表上，睡多久，運動多久，另外也要在飲食上節制。

心緒規範

對那些事該生氣，那些事不值得生氣，生氣的話，該生氣多久等等，我們也要有相當的控制。換句話說，我們可以決定在那些事上，花費感情上的精力。（我的原則是：如果它在二十四小時之內起不了作用，我就不讓自己白費感情和精力。）

我讀經的時候，發現許多我個人生活中所需要的規範原則。比如：

「快快的聽，慢慢的說。」（雅各書1：19）

「污穢的言語，一句不可出口，只要隨事說造就人的好話，叫聽見的人得益處。」（以弗所書4：29）

「要存感謝的心」（歌羅西書3：15b）

「凡所行的，都不要發怨言，起爭論。」（腓立比書2：14）

與他人關係的標界

我再說一次，聖經對我們在工作場合中與人的關係及該如何設置標界，有許多貼切的指示。以下是一些例子：

「你不要說話給愚昧人聽，因他必藐視你智慧的言語。」
（箴言23：9）

「不要照愚昧人的愚妄話回答他，恐怕你與他一樣。」（箴
言26：4）

「用溫柔勸戒那抵擋的人；或者神給他們悔改的心，可以明
白真道。」（提摩太後書2：25）

傳達我們在人際關係中的規範

我們所設置的規範有些是用來作指標的，指示我們如何處理
內心的防線。比方說，我們心意已定，不讓某人引我們走上內
疚、自責之途，或不理會另一個人的評斷，因為他的見解常常不
正確或不成理由。我們就毋須向對方說明這一類的規範。

不過，有些規範跟他人的工作或我們對他人的寄望，有直接
關係。（請看下面有關方笛所犯的錯誤）若想避免不必要的誤解
或持續不斷的挫折，我們需要以合宜的方式表達。舉例來說，我
們也許需要讓上司知道，加班會影響家庭生活，因此我們決定限
制加班的時間。或者，為了避免引起每天工作流程上的中斷、打
岔，可能需要請下屬安排時間彼此溝通、討論。雖然我們希望能
免則免，但偶爾仍須設下道德上的規範，如拒絕任何明知故犯的
錯，或甚至**為上司說謊**。

規範錯誤

當你讀了方笛凌亂、沒有設置規範的日子，毫無疑問的，你已看出她犯了嚴重的錯誤，以致於陷在一團混亂之中。要怪錯在兒子，或先生，或上司，或朋友身上都很容易，但事實上，是方笛自己讓人佔她便宜。她要兒子多負點責任，因此劃分出一些家事給他，但她沒有執行實施，也就讓兒子繼續佔便宜。方笛和丈夫對家事的分配也沒有溝通過，她讓丈夫把家事都放在她肩上。因為對苛求的上司，她從來沒說過「不」字，居然還應付得了，又能達到周遭人不合情理的寄望，所以上司自然而然的又升高旗桿，對她懷有更多的寄望。方笛就像很多被誤導、嘗試做好人、逃避錯誤內疚感的人一樣，允許朋友待她像張踩腳墊。

你不能怪方笛沒盡力，也不能說她沒好心腸，好動機。但你一定得說方笛從來沒學會設置防線。方笛誤以為自己在各種人際關係中有責任。結果就讓別人把不合理、不公平的要求，加在她身上。事實上，她讓這些關係繼續保持不平衡，繼續傷害自己。就因為她讓周遭的人錯待她，而都被她放過，沒事，所以他們從來沒有領悟自己需要長大、改變。

雖然方笛想法子讓每個人高興，使所有的人際關係都完美，實際上她是朝著災禍走。如果她沒有儘快設立界線，忿怒、憎恨會堆積起來，等到它們浮現時，那就要失控了，而且會在不當的時機失控。她的健康會受損，她與神的同行會受損，連她想培育的人際關係也會受損。

不幸的是，大多數的人跟方笛一樣，犯同樣的錯。

錯誤：未能清楚認定你個人的標界

你試過用理性、不激動、心平氣和的方式告訴別人，你的標界嗎？好的表達方法是：寫下這些標界，直到字句都通順為止。要確定它們都是依據聖經的原則，而不是你自己的需要或期望。

至於你是否該和他人分享你在這些標界內所設置的規範，那就要看那個關係及情況。但光是寫下來，就能使自己的心智穩固起來，並提醒自己，供自己參考。方笛迫切需要寫下來的規範大概如下：

規範1　我不負責準時送兒子上學。我會提醒他一次，只一次，及時起床很重要。如果遲到了，他必須自己面對後果。

規範2　我最多一週一次，為了工作而略過午餐。我需要在那個時間休息，利用它來重新調整自己的思緒，給自己急待喘口氣的機會。

規範3　當上司給我的工作量超過時間所能負荷的時候，如果我沒有告訴他加班對我的影響，又沒有堅持他必須在各項指派給我的工作中，訂一個先後次序之前，我不接受新增的任務。

規範4　我要把家事列出一張清單，告訴丈夫及兒子，指明那些項目他們必須負責。這張清單要貼在冰箱上。當他們沒有照做時，我不代替他們做，也不嘮叨。很簡單，那些未做的工作就會繼續留在那裡。

錯誤：未能傳達規範

很多人在腦子裡已經為自己和他人的關係中設置規範了，但是從來沒有找到恰當的方法來傳達。因為你從來沒有說明自己所設的規範在那裡，那些跨越你邊界的人，可能對他們自己所作所為，全然不知。

你需要留意用愛心，讓他們知道你的標界在那裡。這需要智慧，因為那會是一種挑戰，甚至會產生不愉快的結果。但是你若拖久了，情況會更糟。如果你肯花一點時間把規範寫下來，那麼當你需要傳達時，會有幫助。跟別人說這些，你可能覺得很不自在。特別是，如果你也像我一樣，是個不善於向人挑戰的人。若你手上有一份書寫的規範，就能派上好幾個用場：它表示你已經為這事花時間想過；它也表示你對這事的態度很嚴肅；當你說到這件事的時候，它能幫助你不致脫軌，不會一緊張就忘了要說的話或說錯話。

更重要的是，千萬不要在生氣的時候，或激動的剎那說這些，否則一定會闖禍。有關如何選擇恰當的字句，恰當的時間及恰當的態度來做這件事，第七章（建設性的對質）會有幫助。

錯誤：彈性的規範

使用彈性規範（即隨著情況改變）的人很容易被認出來。他們有兩類：

過分奉承人的人　有些人很容易遷就人。這些人常常說「是」，從來不「興風作浪」、「搖晃船隻」。不管人家說什

麼，都接納為當時的規範。這種人盡量想討好別人；期待被人接納；讓人高興。所以，為了適應別人的需求，他們挪動、改變規範。奉承式的人肩上總挑起過多的責任。因為怕傷害別人，怕有人生氣，怕受罰，怕會不屬靈，就不設定清楚的標界。恐懼是這類人的標誌。

無動於衷或不易被說服的人 缺乏堅強信念和不輕易承諾的人，傾向於使用彈性規範。舉例來說：一個單身漢可能決心不交非基督徒作女友，但是當一個出色的人示愛時，他就改變規範了。彈性規範是惹禍上身的不二法門。

規範是屬靈的

設置規範並不是自私的行為。耶穌在祂自己的生命中也設定規範，決定自己該接觸人的機會、與人接觸的時間及該從事的工作。祂這樣做並非出於自私，乃是決心要做成天父差祂做的工。結果，在短短的三年事奉結束時，祂能說：「我在地上已經榮耀你，你所託付我的事，我已成全了。」（約翰福音17：4）

如果我們有正確的理由，設定合理的聖經規範，絕對是屬靈的事。那個理由就是要完成天父要我們做的事，我們才能像耶穌一樣，說：「我在地上已經榮耀你，你所託付我的事，我已成全了。」

我勸你把設置規範當作生活的一部分。為這事禱告、交託、仰望。求神指示你，生命中需要設置的規範是什麼，並查考聖經中有關設置規範的原則。相信我，這些都在聖經裡。如果你用全

心來尋找，神會將它們指示你。

但要記住，設置規範的理由必須是：我們在世要榮耀神。

審核規範

下列問題幫助你去評價自己設置的規範智商。對你而言下列每項說法，正確或不正確？

□正確　□不正確　我常常把家人、朋友、同事的責任擔當過來，而沒有讓他們擔起自己的責任。

□正確　□不正確　當我回絕別人的要求時，總覺得內疚，所以很少說「不」。

□正確　□不正確　就我而言，跟人對質是非常困難的事，為了避免產生對質的局面，結果變成我經常做他們要我做的事。

□正確　□不正確　當我生氣的時候，就表明我的標界。之後，因為我失控，就發脾氣，讓步了。

□正確　□不正確　我很難向人求助。

□正確　□不正確　如果有人不高興，我馬上認為是自己的錯，就想辦法使他高興。

□正確　□不正確　我好像在別人的讚賞中，才能找到自己的身分。所以我願意有求必應，討他們的歡欣和認可。

□正確　□不正確　我甚至願意為別人犧牲自己，以便換取他

們的友誼及認同。

☐正確　☐不正確　即使我從來沒有明說，仍寄望那些與我最親
　　　　　　　　　的人知道我的規範。

☐正確　☐不正確　我覺得好像有很多人佔我便宜，把我推到極
　　　　　　　　　限。所以我對他們心懷氣憤及怨恨。

如果你很坦白的話，這張清單會讓你明白自己的規範智商是
多少，看到自己還得下多少功夫。給自己打分數吧！

答「正確」的數目	你的智商程度
1	很好
2 — 4	好
5	一般
6 — 9	不好
10	很差

即使你的規範智商很差，仍須鼓起勇氣來。你仍然可以學習
如何設置規範。作為一個基督徒，我們佔優勢，因為我們擁有聖
靈住在我們生命中；我們有基督的心智；我們有父神永住的愛。
這些事實會提供我們屬靈的動機及屬天的力量，去做看來很困難
或幾乎不可能的事。

個人成果評審

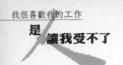

我鄭重的建議你，開始把一些規範寫下來，然後在神面前將這些規範擺上。

私人規範

想一想，在你生命中，那些地方你該設定（或加強）健康的私人規範？寫下三張清單，每一項主題列一張清單：

身體（健康上）的規範

情緒（人際關係上）的規範

心智（心態上）的規範

為別人設置的規範

在家庭中或工作上，你是否促使他人避免去面對他們不當的行為所產生的後果，而他們之所以有這些行為，是因為你為他們做太多的緣故所導致的？你是否因為穿越那些並不是為你設置的生活圈，而經歷錯誤的內疚感？你是否嘗試，藉著證明自己是超人，來贏取別人的認同？對那些在你生命中繼續不斷侵入你的邊界，挑戰你肚量的人，你是否怕跟他們對質？拿一張紙，回答下面這些問題：家庭的爭執及工作崗位上的爭執。

第二章

屬靈原則 2：讓人優先

　　有個富人，照著神的吩咐，把他的家和所有的財產都搬到另一個國家。他的姪兒也跟了去。他的姪兒相當在乎「誰是第一優先」，以確保他能拿到最好的交易。

　　到了某一個時刻，很顯然的，這兩家人必須分開，各奔前程。兩家人開始為財產的分攤起了糾紛。衝突情況使然，這個人和他的姪兒最好要儘快分道揚鑣。

　　這人讓他的姪兒先選擇要走的路，他就拿選剩的路。那個一向很在意，要取得最好交易的姪兒，就選了最好的、最富裕的、最容易走的路。

　　當時看來，姪兒是個贏家，而寬厚的叔叔顯然處於劣勢。但是我們知道故事的結局：叔叔得到神給他的應許，他成功了，他的子孫組成一個國，一個為神而造的民。

　　當然，這個人就是亞伯蘭。在創世記13：1-18 你可以找到這個故事。不過，那還不是亞伯蘭最後一次自願把羅得擺在第一位，把羅得的權益擺在自己的權益之上。他把羅得從所多瑪、蛾摩拉被俘之地救出來（創14）；從神對所多瑪、蛾摩拉的審判下，求得他的釋放（創18：22-33）。

　　亞伯蘭（後來改名叫亞伯拉罕）樂意把別人擺第一，神就豐豐盛盛的祝福他。獎賞在當時並不明顯。事實上，獎賞被耽擱了很久。但是在神選擇的時間，亞伯拉罕就清楚體驗了神對他和他的家人豐盛的祝福。

「讓人優先」的意義

下面這段經文，替「讓人優先」下了一個很好的定義：

「凡事不可結黨，不可貪圖虛浮的榮耀；只要存心謙卑，各人看別人比自己強。」（腓立比書2：3-4）

中文和合本譯為「看」別人比自己強的這段，欽定本則譯為「尊重」別人比自己強。所以很清楚的，讓別人優先跟我們對人的態度，對人的評價，及對人的尊重與否有關。

從出生以來，我們大半時間都專注在把自己擺第一（而且蠻拿手的）。因此要能讓人優先，就需要更多超乎尋常的能力及動機，這絕對是神的全能方能成就的事。

保羅繼續說明「讓人優先」的意義。他說：「你們當以基督基督的心為心。」（腓2：5），在6至8節裡他解釋像基督般的心態是：一個僕人的心態，謙卑、不自私、順服神。

*　　　*　　　*

要想說明什麼是「讓人優先」的最好辦法是，將我的朋友興宜（非真名）的故事告訴你。他在一個很惡劣的環境任教。學校校長是出了名的難相處，沒人能跟他處得來。就他的職位，他既得不到他該得的尊重，也得不到他人的效忠。

興宜上班的第一天，同事告訴他，要跟校長相處是件不可能達成的事。沒多久，當他發現這個校長真是又傲慢、又冷漠、又苛求、又不實際、又無能的時候……，你懂了吧？他才明白了他們的意思。經過一番個人的屬靈掙扎後，他認定去跟這個人相處

是他的任務，藉著神的恩典他一定得嘗試。

　　興宜有很多機會學習依照「讓人優先」的原則來生活。他必須學習，當他真想為自己辯護的時候，得閉嘴；要盡他所能的達到校長的要求；而且不管別人領不領情，他都要盡一切所能，執行他的職責。換句話說，就是把校長的權益擺在自己的喜好之上。

　　不久，興宜很明顯的已能跟這個還沒有人能跟他相處的權威人物相處。有人問他是怎麼做得讓校長善待他。別人惹來校長的怒氣和批評，興宜卻已不再遭受那等待遇。興宜把它當作是一種額外的獎賞，因為他並沒有期待他們之間的關係會改善，他只是下定決心要順服神。現在，雖然別的老師和職員與校長相處仍有困難，他卻說跟這個人工作相當容易，甚至還蠻有趣的。

　　興宜的秘訣只是接納保羅所說的，與耶穌有同樣的心態。他降卑了自己，連校長那樣損人的對待都接受了。他忘了要照自己的意思，或證明自己是對的，反而盡所能與校長相處。他取了僕人的心態，願意做得比所求於他的更多，樂意做那些沒人要做的、不體面的工作，甚至到不被人賞識的地步。**最重要的是，他的所作所為不是出自所謂「對」的準則，乃是出自「順服神，渴望討神喜悅」的心態，因此對他而言，萬事就都成為可能。**

＊　　　＊　　　＊

　　「讓人優先」這個原則，在不同的景況下及不同的人際關

係中，在使用上會不相同，但耶穌的心態是最好的準則。如果你把自己的心態與耶穌相比較，若能夠找到相似處，那你就是走在正軌上了。

「讓人優先」並不意味「看貶自己」

重要的是千萬不要誤解這點。事實上，當我們真的讓人優先時，會發現一個很意外的收穫：就是喜樂和個人的滿足及成就感。我所知道最快樂的人，是那些常肯讓人優先的人。**這是聖經「矛盾真理」中的一項：就是我們藉著失去而得勝。**

這個結果的成因是，我們沒有太專注在自己身上。我常常提醒自己，**「自我」不是問題癥結所在，而是問題本身。**處在一個字典裡填滿了以「我」字開頭的世代，我們必須不斷的重新學習，重新來過。過於專注自己是「不幸」的一帖處方。

腓立比書第二章，保羅說我們不能只顧自己的權益。它的含意不是我們不可以關照自己的權益，而是在關照自己的權益與關照別人的權益上，要保持一個恰如其分的平衡。

如何「讓人優先」

現在的問題是，我們如何才能在世上的日常生活中，將這項原則付諸實行呢？記得當我開始認真的看這段經文時，覺得很困擾。因為我無法想像，怎麼有可能我會覺得別人比自己更好、更重要呢？我也許可以那麼說，嘗試那麼做，但是我哪有可能在內心裡真的那麼覺得。

我就是在這點犯了錯。保羅並沒有說，我們應該覺得別人比自己更好或更重要。「感覺」這個東西常常使我們迷失。我們的內心及意願裡常有一些不可靠的標準尺寸。只因我們沒有某種感覺或某種情緒動機，並不表示我們的心智是錯誤的。

保羅說的是，我們需要考慮別人比我們好，尊重他們確實是這樣。這是一種心智上的態度，而不是情緒上的感覺。那是你我不論在什麼時刻或什麼人際關係中，都可以做的選擇。

為了讓人優先，我必須改變我對別人、對自己的看法。但是要如何開始呢？那就是我要給你們的下一個挑戰了。如果你沒有感受，怎麼知道自己確實有了不同的心態呢？

先禱告

我開始領悟心態的改變只能藉著禱告，通過我裡面聖靈的幫助才能達成。我確認以自己自私的本性，永遠做不到這一點。這種改變要能成為事實，必定是神的工作。

所以我開始禱告，讓這事成就在我身上。每天我都要這樣禱告：「主，不管我今天遇到什麼人，幫助我把他們的權益擺第一。」讓我告訴你，在這之後發生的事：我對人的看法不同了！我還記得那段日子裡自己終日喃喃自語：「梅立，他們面對的困難及憂慮對他們的重要性，跟你面對的困難及憂慮對你的重要性，是一樣的。」然後，當我發現自己對某些人感到煩躁時，聖靈會提醒我，想起我先前所做的禱告，使我認出那就是我需要改變的心態。

新的思想型態

　　我平常的思想型態是這樣的：這個人沒有資格來煩我、干擾我的日程表、侵犯我的領域，或問這問那。難道他不明白我正在做的事很重要嗎？

　　過去我只沈迷在這種思想中，不知道那有多離譜。現在聖靈譴責的聲音，不再放過我，不再讓我繼續存有這種想法。我就牢記，「要認定他們的權益比我的還要重要」。

　　在這點上我有一個選擇：要不要順服？當我選擇順服，跟隨聖靈去改變我的心態時，我就能從一個完全不同的觀點來評估人了。我就能誠實的調整我的意願，用另一種心態來對待人，把他的處境及權益看得比自己的重要，而當我處理他的問題時，就可以把自己的問題暫時擺在「火爐邊」。

　　當我選擇不去順服時，就像以前一樣，我的行為舉止沮喪、煩躁、緊張，又自私。這樣的反應絕對無法改善人與人的關係，反而造成反效果。即使我嘗試掩蓋私底下真正的感受，我的肢體語言、聲調，仍會表露出我不認為那人的處境跟我的一樣重要。

　　這樣是否每次都行得通呢？是的，行得通。每次我記得傾心禱告，願這事成就在自己身上的時候，我就會樂意放棄自己的權益，把它交給聖靈。我是否每次都能付諸實行，從來沒失敗過？很不幸，那倒不是，但我仍在學習。只要我盡心禱告，就會慢慢變成事實。當我不這麼做的時候，生命就失去焦點了。

正確的動機

　　我之所以這樣做，是因我被基督的愛，和渴望討祂喜悅的心所激發，而非別人要我這麼做。如果我們等別人來激發我們，或賞識我們，結果往往辦不到。

我們的動機如何，是我們認真順服神時必須一而再，再而三，不斷學習的主要功課之一。它關乎我們的意志，不是情感。如果你沒有「感覺」別人高過自己，別擔心，你可以反過來設定自己的意志，去「認為」別人是比較重要，然後就從這個心智去應對，去採取行動。你會發覺，不管你的感覺如何，你的行動會改變，最後你的感覺也會改變。

楊腓力（Philip Yancey）在他的書《尋神啟示》（Reaching for the Invisible God）裡建議，從行動進入感覺，比從感覺進入行動要來得容易。換句話說，要先做自己知道該做的事，讓感覺隨後來。如果要等到感覺啟動了，才做你知道該做的事，那麼你就會像我一樣，好幾天（甚至好幾個月，幾好年）都在等待的狀態中。

但這是基督徒生活很重要的一個原則，它的重要性，我已經不好再多說了。我們是憑信心生活，而不是憑眼見。我們是憑信心來做我們「知道」該做的事，這常常與屬肉體的眼見及慾望背道而馳。我們順服是出於我們對神的愛，以及我們要討祂喜悅的願望，而不是感覺或情緒。當我從行動帶出感覺，而非等待感覺才來行動的時候，神就能把我所需的恩典賜予我，我就能做到那看來不可能做到的事。

個人成果評審

以下是一張核對單，幫助你檢視「讓人優先」的原則。下面哪一個說法符合你的狀況？

●當有人干擾我的日程表或權益時，我很容易心煩。

●我很護衛我的個人空間及時間，對那些不必要侵擾我的人感到生氣。

●當別人跟我談他們的心事時，我很容易就把他們打發了。

●我對那些把我不需要，也不想知道的生活細節告訴我的人，很感厭煩。

●我認為我的時間很寶貴，所以我勤奮工作，不讓任何人來浪費我的時間。

●在大半的談話中，我說的比聽的多。

●我很看重完成職責，對那些不以工作計畫為重的人，我很沒耐心。

●我覺得很多人把他們的生命浪費在膚淺的事物上。

●他們說話多半很膚淺。

●我多半有很好的理由，不給別人想要的時間和關注。

●我覺得多數人沒什麼重要的事好做，我卻有太多重要的事要做，所以實在不能讓他們浪費我的時間。

　　如果上面十個說法都適用於你，你一點也不孤單。這些說法實在太像我了，我就是這麼想的，我知道我是怎麼樣的人。但是，靠著神的恩典，你可以改變，變得會關注別人。如果你願意的話，甚至會關心他們的生活。

　　對了，這些並不需要個性的改變。即使你不是一個以人為中心的人，仍然可以學習讓別人優先。但你需要把這事放在心上。只要你樂意順服耶穌，把別人的福利視為優先，就執行下面的方案，然後看著你自己的心態轉變。

「讓人優先」的方案

你在職場碰到的人中，那一個人是最難相處的？把他的名字寫在一張紙上。下一步，決定你能做什麼，才會顯出耶穌那樣的心態，肯將此人擺第一。下面的問題可以幫助你思考：

● 你願不願意為了順服神，盡心禱告以便擁有基督的心？

● 你能為這人做什麼，甚至超過他所寄望的？

● 你能為這人做些會刺穿你的驕傲，使你謙卑下來的事嗎？

● 你能為這人做你可能不想做，卻能使這人獲益的事嗎？

● 即使為他做些卑賤的事，你是否也能從中獲益？

一旦列出一些你可以做，又能「讓人優先」的事項後，選出其中一、兩項，做為你日常生活的例行公事。把它們寫在你的行事曆，或記在你的掌上型數位助理（PDA），提醒你去執行你的方案。

第三章

屬靈原則 3：與人同歡共泣

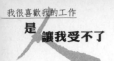

是 讓我受不了

　　有一個婦人非常渴望有個孩子，雖然她和丈夫一直為這件事禱告，但還是沒有跡象。之後，在她年紀老邁時竟然發現有孕了，她高興得不得了。

　　在她懷孕的第六個月，一個年輕的親戚來訪，說她也有孕在身。實際上，她要生的是救世主。

　　聽到這個消息，年邁的婦人高興的歡呼，並祝福這個年輕親戚，為那麼好的消息獻上感謝、讚美，因為這個年輕的親戚被選來孕育聖子。你看！老婦人懂得為別人的喜事歡樂，一點也不妒嫉或憎恨。

　　當然，我說的就是以利沙伯和馬利亞。你在路加福音第一章可以找到這段探訪的記事。

　　你知道嗎？要是以利沙伯有一點嫉妒的心，我們很能諒解。畢竟，她比較年長，比較成熟，而且是一位敬畏神的人，又有一個敬畏神的丈夫。為什麼神沒有揀選她承擔這蒙福的差事呢？但是你在以利沙伯身上找不到任何一絲的妒忌。她知道怎樣與馬利亞共歡，因此也增添了自己的喜樂。

　　我的看法是，馬利亞在向家人宣佈這麼不尋常的懷孕之前，就跑去見以利沙伯了。我想，她知道以利沙伯會與她一同歡樂，不會對她起疑，或嫉妒。從拿撒勒到以利沙伯鄰近耶路撒冷的家，要走好幾天的路程。這段距離在當時是很不容易的路程。但馬利亞需要有人與她分享歡樂，她知道以利沙伯就是那種朋友。

　　使徒保羅在羅馬書12：15裡對這個原則作了一個簡潔的結論：「與喜樂的人要同樂；與哀哭的人要同哭」。前幾年我們常常聽到一句話說：「我能感受到你的痛苦。」這句話聽多了，有

許多人認為它只是個很尖酸的陳腔濫調。沒錯，如果這話說得虛偽、沒有誠意，就失去它的意義了。

不過，這項屬靈原則不只是說，要去感受別人的痛苦，也是說要分享他們的喜樂及幸福。不管是在任何一種人際關係中，當我們真誠地與人同甘共苦，彼此之間的連結就穩固了，精神上的契合就產生了。不僅可以減輕彼此的負擔，更可以加添彼此的幸福。

與人同歡

你曾否興奮地告訴朋友一個好消息，結果發現他似乎並不認為有什麼好興奮的？記得曾有一次，我的公司通知我去出席一個特別會議。在我們公司裡這是一件很榮幸的事。

我很興奮，馬上跟我的一個朋友又是同事分享，認為他會與我同歡喜。結果我的好消息，反而令他情緒惡劣。有一段很長的時間他沒有跟我說話。你知道嗎？他也想參加這項會議，所以他既生氣又嫉妒。他的反應使我連得到一個好消息都要覺得內疚，而且平白失去應有的歡樂。

我可以想像，這樣的事也曾發生在你身上，你應該了解箇中滋味。不太好受！對嗎？我相信大多數的人覺得，與人同哀要比與人同樂容易，因為那個綠眼睛的怪物，嫉妒，會抬起它醜陋的頭，而我們居然還妄想好消息會發生在我們身上呢！

你曾經有過下面的念頭嗎？

●她怎麼找到一個男人結婚而我竟沒有呢？她具有什麼條件是我沒有的？

●他怎麼能找到這麼好的工作，而我竟然還困在這個無聊透頂的地方呢？

●她消瘦許多，看起來老多了。看她的臉頰，現在有多鬆弛！

●他的新車真豪華。他哪來的錢買那種車？

●他得了每月最佳職員獎，就自以為是這裡的紅人了！他的工作可比我的容易多了。

要跟快樂的人同歡不見得是那麼容易，是吧？

擺脫嫉妒

我們如何激勵自己樂意與人同歡呢？從挖出內心裡對別人的成就所湧起的嫉妒開始著手吧！如果你對同事的喜事沒有立時的正面反應，那就是一個警告燈，「亮」出你的心態有問題。

使徒保羅在加拉太書5：19-20 把嫉妒列為一種罪行。箴言書27：4寫著，「忿怒為殘忍，怒氣為狂瀾，唯有嫉妒誰能敵得住呢？」的確，嫉妒比怒氣、憤怒來得更具破壞性，肯定會迅速破壞人與人之間的關係。

為了不讓嫉妒進入內心，你就需要認清自己對別人的成就發出的錯誤反應，承認那是罪，祈求神把你從嫉妒的情緒中釋放出來。如果你有重生的生命，就有能力把你的老我扼殺，不再讓嫉妒轄制你。但，沒有禱告和一顆願意改變的心，是不可能做到的。

一顆嫉妒的心，是缺乏安全感的人的標誌。我發覺當我在

基督徒的靈程上長進時；當我允許神的話做我的準繩，改變我，使我成為一個成熟的基督徒（不是完全人）時；當哥林多後書3：18 所說的蛻變很明顯的呈現在我生命中，使我越來越像耶穌時，我就越來越沒有理由，也越來越不可能去嫉妒別人了。因為我對自己在基督裡的身分、神對我的呼召、神怎麼看我，及我在神國度裡的地位，越來越自信。這樣就把我從嫉妒的捆綁中釋放出來，我就自由了！不再跟別人計較、匹敵。當好事發生在別人身上；或別人有了成就或擁有某些恩賜時，我都能與他們同歡，不再對他們心存嫉妒。

與人同歡的建議

下面是與有喜事的同事同歡的一些建議：

● 為慶祝朋友職位晉升或另覓新職，開一個派對。

● 送一張賀卡給一位獲得重要成就的人。

● 請一位從醫生那裡聽到好消息的人吃飯、慶祝。

● 為一個人生命中重要的里程碑，籌劃一個慶祝會。

把你曾經為了要與人同歡而做的事，加在單子上。如果你發覺自己似乎不曾為人做過這類的事，那就暗示，這是你需要改進的地方。

與人同歡共泣

我們覺得與那些面臨沮喪、遭遇不幸的人一起哀痛比較容易

的原因，是因為我們不需要對付嫉妒那個怪物。不過，我們仍然需要用心，設身處地，陪伴他們走過痛苦。那就需要時間，也需要捨己。

我發現要我去跟一個，為了一件我認為不重要，或不值得的事哀傷的人同哀，是很困難的事。如果問題大小相稱，夠大，或不是咎由自取，我通常都能感受到他的痛楚，參與他的哀傷。但是當我主觀的評斷，他的哀傷是很愚蠢或幼稚時，大概就不會把他的哀慟當一回事。

我仍需要繼續重新學習有關人際關係的真理：我們不都在同一個時空裡，因此我認為不足掛齒的事，對別人來說可能是非常痛苦的事。沒錯！可能那人不夠成熟，不過我們有時不也是這樣嗎？以前我不也是不成熟，為了一些不足掛齒的事哀傷嗎？當然！沒錯！但是當時我的確非常痛苦（雖然痛苦程度在十度的衡量表上只達到二度而已！）

我認為哀傷有程度上的不同，如果不是很必要，我們不需要捲入別人的痛苦中。但是我們也不應該不當一回事。既然那人的感受是那麼深，我們理當認同那種痛楚。

有效的哀傷

我們與人同哀的方式，可能產生積極的效果，也可能成事不足，敗事有餘。了解這點是相當重要的。你或許有心與人分享他的哀慟，但是如果你的表達方式錯了，就弄巧成拙，使他更哀傷了。

一個很親密的朋友在幾年前失去了母親，在我上班的時候她打電話告訴我。雖然那是預料中的事（她的母親患癌症一年

多了）但仍然令人傷痛。其實她還沒開口，我就從她發出的第一
個聲調裡知道了。我就說：「噢！你媽走了。我很遺憾，也很難
過。」我就在電話中跟著她哭。後來他告訴我，那時她很得安
慰。

另一個親密的朋友，跟我一樣關心她喪母的事。他說：「記
住！你的母親是去了一個更好的地方，不再受病痛折磨了。別
哭！其實她走了反而好。」當然，他說的都對，沒錯！但在那個
時刻，這些話對我這個哀傷的朋友可沒有一點安慰。她不需要人
家告訴她別哀傷，她需要的是有人與他一起哀傷。

我辦公室裡有個好友，曾經跟我們幾個人提起一件很掃興的
事。我們只表悲傷及同情：「真讓人難過，情況真的很糟糕、很
慘。你最近似乎都沒碰到一件好事。」你知道他怎麼回答嗎？他
說：「是啊！但是我知道主在這件事上一定有祂的心意，我應該
沒事。」

我相信，如果我們在那個時候引用一堆經文，對他疲勞轟
炸，或告訴他沒事，要他破涕為笑，反而會引起他更多的痛苦。
但因為我們陪他哀傷，反倒使他念及神的全能，領悟神是他最大
的安慰了。

約伯的朋友來與他同哀，但是他們也設法教訓他，解說他為
什麼該受苦，並就約伯受苦的原因，發表他們的見解。

聽完這些人冗長且自義的論調之後，約伯對他們那種安慰方
式，挖苦的道出他的感受：「無能的人，蒙你（們）何等的幫
助；膀臂無力的人，蒙你（們）何等的拯救。無智慧的人，蒙你
（們）何等的指教；你（們）向他多顯大知識。」（約伯記26：2-3）

你聽得出從他嘴角所流露出來的諷刺嗎？他們是來與他同悲

共泣的，結果反而使他的心境更壞。他們需要學習如何與人同哀傷。

當同事有不幸或掃興的遭遇，不要給他們一些陳腔濫調的建議。即使他們是基督徒，也別向他們引用羅馬書8：28。只要和他們一同哀傷，這是他們那個時刻所需要的。**你的眼淚比言語更有用。**

與人共泣的建議

下面是一些與哀慟的人同哀傷時可以做的事：

● 當同事所愛的人去世了，寄給他一張慰問卡。

● 當有人暫時或終生變殘障時，送他一些食品。

● 有人為了破裂的人際關係而傷心時，與他同哀傷。

● 當你知道有人因為被排擠而受傷害，或覺得特別孤單時，陪伴他，與他共處。

● 擁抱或安慰一個受傷害的人。

● 陪伴一個在等待可能的噩耗或已經收到噩耗的人。

● 花時間聽一個朋友傾吐他的傷心事。

也許你已經做過很多類似的事而不自覺。不幸的是，我們周遭似乎常常有人面對很大的問題，需要有人聽他們傾訴，或有個肩膀可以讓他們靠著痛哭。

個人成果評審

　　拿一張紙，寫下你這六個月來為了親友同事的喜訊或成就，為了與他共享歡樂而做的事。（如，開派對來慶祝某人晉升；送張賀卡給獲得重要成就的人；請某人吃飯，慶祝他從醫生那裡得到好消息。）

　　然後再拿一張紙，把你這六個月來，曾經與人一同哀哭的事列下來。（比如，寄張慰問卡；送食品給變成殘障的人；擁抱一個受傷害的人；陪伴一個人等待可能的壞消息；或聽朋友傾吐他的慘痛經歷。）

第四章

屬靈原則 4：絕對的愛

　　有兩個年輕人很快就成了好朋友。他們來自不同的生活背景，人生跑道的兩端，一個是卑微的牧人，另一個則是尊貴的王子。但是他們卻像親兄弟一樣的彼此相愛。

　　王出於嫉妒恨死了這個年輕的牧羊人，最後終於設計要殺他。但是王的兒子卻很忠於他的朋友，儘管惹王憤怒，仍置生命於度外，盡力保護他的朋友，逃脫王的惡計。

　　這個年輕的牧羊人就是大衛王，他的朋友是掃羅王的兒子，約拿單。他們之間的友誼，是誠摯、絕對的愛的表徵。記住！約拿單是王子，即將接續王位，但神卻揀選大衛。然而約拿單從未讓這件事干擾他倆之間的友誼。實際上約拿單告訴大衛：「**我們二人曾指著耶和華的名起誓。**」（撒上20：42）後來，大衛兒子所羅門，針對這份友情寫出一個很美的描述：「**朋友乃時常親愛；弟兄為患難而生。**」（箴言17：17）

　　在美國布希總統接受的一次採訪中，我留意到他一再提及他與父母之間的關係，及那個關係對他個人生命的重大影響。他說：「他們無條件的愛我。」他說他的為人，及日後成為政治人物之所以成功，主因是父母的那份愛。一份你知道無論如何都不會消失、不會改變的愛，具有非凡的影響力。它賦予人能力，激發人的意志。那種力量是其他任何事物所不能及的。

　　畢竟，是神絕對的愛在我們生命裡，啟發我們有一顆樂意討祂歡喜的慾望，並保守我們活在祂的愛裡。約翰這麼寫，「**（這就是愛）不是我們愛神，乃是神愛我們，差祂的兒子，為我們的罪作了挽回祭，這就是愛了。**」（約翰壹書4：10）

　　神的愛，會促使我們去回應祂的愛，**因為愛能激發愛。**

愛在運作？

也許你從沒想過，實際上有很多同事是你喜歡的朋友，你並沒有特意選擇，他們只是你職場生活的一部分。當然也有許多同事是你喜歡不來的，與你志不同道不合的，甚至對你懷有敵意的。所以要把絕對的愛應用在這些人際關係上，看來不合情理、不合邏輯，對不？

如果我們認為，我們只需要去愛那些愛我們的人，就是那些待我們的方式會令我們去愛的人，那麼，我們真的就不需要去愛職場上的某些人了。然而，如果我們理解神所說的愛，那麼結論就會不同。根據約翰所說：「神就是愛，住在愛裡面的，就是住在神裡面，神也住在他裡面。」（約翰壹書4：16下）「小子們哪，我們相愛，不要只在言語和舌頭上，總要在行為和誠實上。」（約翰壹書3：18）

這種愛是行動，不只是一種感覺或氣氛；是抉擇，不只是一種慾望。感覺及慾望有時存在，有時不存在。如果我們活在神裡面，不管感覺存在與否，我們都必須活在愛裡。所以我的結論是：我們要在自己的心態及行動上表達友好的愛。對那些不是經由我們的選擇，卻活在我們生命中的人，也當如此。因為他們在我們的生活圈子裡，這個事實就夠了。這就是所謂的「神的事」，是依靠神才做得到的。

沒有時限的愛

無條件的愛，是沒有時限的愛。它不限於當每件事看來都能

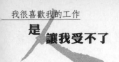

得心應手，或自己精力過剩要找地方發洩的時候。「無時無刻」包括你所保留的私人時間，三更半夜的凌晨，精疲力竭、貧困、缺乏的時候，或這人不討人喜歡、甚至性情乖戾，或曾經佔你便宜的時候。

要曉得我們是否真的活在神裡面，是否真的在耶穌基督裡成為新造的人，其中一個跡象是：我們是否樂意將神的愛，延伸到那些，照常理不可能得到我們的愛的人身上？說句實話，同事、老闆或顧客畢竟不能寄望我們去愛他們。他們行嗎？ 他們可以期待我們尊重他們、舉止謙恭、或是禮尚往來，但他們不能對我們苛求愛。這種寄望不是我們的職責所在，沒有人可以向我們「要求」愛。

所以當你選擇以行動和真情來愛時，你就是向這個缺乏愛的世界，展示耶穌的樣式。你就變成神絕對的愛的化身，溫暖周遭的人。這種愛會在你的人際關係上帶來很大的震撼。

但是，請不要混淆絕對的愛跟沒有設限的愛。在所有的人際關係上，我們仍然需要合理的規範。沒有設限的愛會造成更多的傷害。

什麼是絕對的愛？

聖經裡很多人知道的「愛篇」，哥林多前書13章，對什麼是絕對的愛，做了一個非常實際的描繪。下面是這章所提到的愛的幾個特色：

愛是恆久忍耐

神會呼召你去跟身邊學習能力遲緩的同事，對你存不實際期待的老闆，或對你作不公平指責的顧客，共事、共處，好學習忍耐。無條件的愛心會給你能耐，使你不至於用憤怒或沮喪來處理人事。

愛是恩慈

當你需要面對一個粗魯的人、一句傷害你的閒話、一項不公平的指責，或甚至一個高傲的同事時，使用和藹的言語與否，是你的選擇。當多半的人以諷刺或利劍似的字眼來應對時，絕對的愛賦予你能力，說出帶有醫治能力的言語。你就能將「恩慈」當作禮物送給喪志的同事，尖酸的老闆，或苛求的顧客。那些人也許不配，但是當你把它免費送出去時，就會產生極大的威力。

愛是不輕易發怒

無條件的愛，能幫助你避免使用衝動、自衛性的反應。擁有這種愛，會給你力量去掌控自己急躁的脾氣，抑制那想貿然豁出去的衝動。（請留意！它並不是說愛是從不生氣，只是說愛是不輕易生氣。）

愛是不計算人的惡（錯）

我們的記憶力如何運作是相當有趣的。我們會忘記別人的生日、別人的約會，但從來就忘不了同事上週，甚至去年（！）如

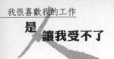

何傷了我們的心。無條件的愛會著手「刪除（記憶）磁碟」的程序，不斷的選擇，把我們存在記憶體裡做錯的事物、錯誤的思緒移去。它會挪走我們想報復的衝動，把「復仇」留給神去處理。神告訴我們伸冤在祂，祂必報應（羅馬書12：19），所以我們實在沒必要，把別人錯待我們的帳保存下來。那些都是神的工作，祂比我們更善於處理這等事。

愛是不喜歡不義，只喜歡真理

絕對的愛保守我們免於散播閒話，不輕易參與蓄意中傷（職場上很普遍的現象）。這種愛推動你去尋求事實真相，而非全盤接收每一件耳聞的事。它使你對負面的言語及不健康的傳聞存疑。

你看出這項原則對我們的日常生活有多實用嗎？以絕對的愛，也就是神的愛去愛，能改變人際關係，因為它改變我們的心態及行為。我們不一定能感受得到這種心緒，但我們可以選擇怎麼去做。

＊　　　＊　　　＊

我的朋友北雁曾經在一個相當高傲、不易討好、苛求又無禮的人手下工作。這個經理在公司裡交不到幾個朋友。但是北雁曉得，神把這個上司擺在他生命中有很好的理由，所以他開始為上司禱告。隨著北雁的禱告，北雁自己的心態改變了，他開始對上司有了不同的看法。

然後北雁得知再過幾個星期上司的生日就到了，神催促他

為上司買件禮物。這當然不是北雁自己會主動做的事。公司裡不流行送禮，對這念頭北雁覺得不自在。但是他沒辦法逃脫內心的催促。

　　所以他就順服下來，買了一件適當的小禮物和卡片。之後他想，在這張卡片上，他能寫些什麼好話呢？他想恭維他，卻又覺得虛偽。之後，他想到他可以很誠實的誇獎上司實事求是、精益求精的敬業精神，所以他在卡片上謝謝上司給了他一個求上進的好楷模。

　　當上司的生日到了，北雁把卡片和禮物放在他桌上。到底這個人會有什麼反應，他沒有一點概念，但他知道神要他這麼做。後來他的上司來到他的桌旁，謝謝他這麼有心。他很驚訝有人會記得他的生日。這事使他們之間的關係，有了很明顯的轉變。

＊　　　＊　　　＊

研究愛是什麼

　　我常常激勵自己，也激勵別人在一個月內每天花時間研讀哥林多前書第十三章（很精彩的一章）。我也鼓勵你試試看，每天不需要超過五分鐘，它會讓你對愛有一個嶄新的概念。神對愛的定義跟世界的看法背道而馳，我們必須不斷的澄清自己的腦子，擺脫所有我們過去積存的錯誤資訊，重新輸入神的真理。

片面付出的關係

　　片面付出的關係是指在一個人際關係中，只有一方付出，另一方只有支取而不付出。下面是耶穌對這種關係的說法：

> 你們若單愛那愛你們的人，有什麼可酬謝的呢？就是罪人
> 也愛那愛他們的人。你們若善待那善待你們的人，有什麼
> 可酬謝的呢？就是罪人也是這樣行。你們若借給人，指望
> 從他收回，有什麼可酬謝的呢？就是罪人也借給罪人，要
> 如數收回。（路加福音6：32-34）

　　如果你對耶穌時代的文化傳統有所認識的話，應該明白對那些聽到這些話的人來說，這種教導是極大的屈辱、絕對的可恥。還沒有一個宗教膽敢如此放言：人有責任去愛不愛你的人！這是當時絕大多數的人不曾想過的。

　　這種說法的確是革命性的見解。相信我，即使在今天，這種教導仍然是個革命性的建議。到街上或在你公司裡隨便問一個人：「你認不認為去愛一個不愛你的人，是你的責任呢？」我幾乎可以向你擔保，每得到一個「是」的答案，你就會得到八個「不是」的答案。所以，若我們在職場上應用這項原則，將會得到一個革命性的結果。它不是我們從人性的角度所能理解的。它是「神的事」。

　　讓我來舉個假想的、片面工作關係作例子。兩個輪班時間相同的護士在一起工作。其中一個護士認為另一個護士是他的好朋友，就拜託他幫忙做幾件不體面，沒人要幹的差事。「拜託你，可不可以就幫我這次忙？」這是他的口頭禪。他的「就這一次」變成了習慣。但是當他所謂的好朋友拜託他，代替他

工作時，他似乎都找不出時間。

在職場上你是否也有這種片面付出的工作關係？下面是一些可尋的跡象：

- 你的同事常要求你幫個忙，但是他從不願意替你做任何事。
- 你的上司寄望你在倉促的通知下加班、增加額外的工作量、週末上班，但是當你偶爾為了某些私事或家事需要請假時，他的表態，好像你作了不合情理的要求。
- 你的朋友幾乎把他工作上的煎熬、瑣事，塞滿了你的耳朵。但是對你工作上的掙扎卻漠不關心，全不當一回事。
- 你的同事老是讓你付咖啡、點心、午餐的帳，卻從來沒替你付過錢。

這種片面付出的工作關係中，付出的一方多半會經歷憎恨、氣憤、退縮、苦毒、或想扯平的慾望。這些情緒是很能諒解的，而多半的人也不會怪他們。

但是難以理解的是絕對的愛。唯一的解釋是，神的愛使你不得不那樣去愛。你會樂意讓祂的愛通過你，澆灌在這個站在片面工作關係的收受者身上。別人會遷怒指責，認為他們對這個只知收取的人，並沒有什麼虧欠，你卻繼續以恩慈、尊重及他始料未及的仁慈和寬宏大量來對待他。

絕對的愛不是任人予取予求。在片面付出的工作關係中，有一點你需要留意，沒有設限的人有轉變成任人驅使的趨向。任他人為所欲為的人，允許人佔他們的便宜，拒絕以適當的方式跟人對質，因此就讓對方不良的行為持續下去，而且變本加厲。

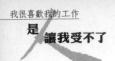

　　我記得有個人在信中告訴我，他的老闆和同事如何佔他的便宜。因為他肯做，而且能做得很好，所以老闆就常常給他額外的，或別人不要做的工作。實際上，同事們不會邀他共進午餐，笑他是個懦夫、替死鬼。所以他就成了辦公室裡的勞役和獨行俠，沒有什麼風光可言。

　　一個護士來信提到他的情況。他喜歡他的工作，但不知怎的，他在醫院裡的工作量不知不覺中，總比別人多出許多。他是一個人人可以「隨意就去拜託」的人。這種人很快就把工作做好，知道怎樣讓事情運轉，不畏懼嘗試，而且實際上還蠻會自娛。所以人人都「去找」他。不過，這個護士還沒學到在什麼地方需要劃界限，所以他已經走到燈枯油盡的地步。

　　不自覺中這兩個人成了任人叫喚和驅使的人，因為他們老是介入別人的工作和生活中，老是去收拾人家的爛攤子，別人就可以躲開，不必負責。這些都會惡性循環，繼續變本加厲的強化他們的惡習。

　　如果你發現自己也有這種傾向，得好好思考第一章裡有關「設限」的建議。你會發現要退出扮演這種角色很困難，因為剛開始你會覺得內疚。多數任人驅使的人，是被內疚感驅使，被假的內疚感驅使。但是你可以改變，而且這種改變對你、對驅使你的人都有益處。

　　不過，你最好要記住，所有的人際關係都要經過一個週期，所以暫時先不要放棄你目前仍在單方面付出的關係。作父母的跟子女多年的關係就是如此，父母的責任，就是付出的比回收的多。實際上，父母的一部份喜樂就是，即使兒女不回

報，仍然會供給。

愛是永不止息

　　保羅寫給哥林多教會的信裡有這麼一句簡單的話「愛是永不止息」（哥前13：6上）。記得當我還是一個小女生的時候，在教會曾背過這節經文。「愛是永不止息」這句話聽起來蠻有詩意的，蠻理想化的，但是它絕不是花言巧語。它是強而有力的真理。

　　除了神之外，還有什麼能讓你認定是永不止息的？錢會落空！股票會落空！功名成就會落空！人會令你失望！你的健康也沒有保證！但是愛，絕不落空！愛是永不止息的！

　　這意味當你對人付出愛時，這份愛絕對不會達不到對方。當你以愛的方式對待一個即使不可愛的人，它也絕不會不產生作用。當你選擇去愛一個同事，它絕對會改進你們之間的關係。

　　愛永不落空！如果你不知道還能做什麼，那麼去愛吧！當什麼都失敗了，**去愛吧！**當那個人看來是無望了，就愛他吧！不管你的感覺是什麼，選擇去愛吧！不管別人接不接納，選擇去愛吧！即使你的愛得不到回報，仍然選擇去愛吧！**愛永不至落空！愛永不止息！**

　　即使你可能永遠看不到對方有所改變，去愛人，保證你本身會被改變。當你選擇以愛來取代怨恨、沮喪，你會看到自己本身驚人的改變。依慣例，你生命中的改變也會改變別人。即便沒有，也沒有損失，因為**愛永不會落空！**

　　我能向你保證，**愛永不會落空！**因為神這麼說，所以我絕對

有把握。如果你對那些你從來還沒愛過，那些讓你的日子增加很多麻煩，那些不值得你去愛的人，以絕對的愛來對待時，這份愛永不會落空！美事必成就，好事會發生！

你將發現順服神所帶來的喜樂會讓你驚異。看見神在你身上成就你自己無法成就的，確實是一件令人驚異的事，令你不能不肅然起敬。你是進入一個宏偉的探索歷程，要體驗它奇妙的效果。

個人成果的審查

對職場上與你有密切關係的人做一項調查，以檢視你對他們每一個人的態度，能幫助你認識自己。試試看吧！

在一張紙上垂直劃三格。在左邊那格寫上跟你工作有關聯的人名。中間那格，用幾個字或短句寫上你對那人的觀感（如：喜歡、討厭、過得去、敬佩）。

看看這些名字及你的描繪。如果你對其中任何一個人寫下不友善的描述，那麼自問：「我願不願意求神通過我來愛他？」把你的答案寫在第三格。（記住！是神的愛，要通過你流出去。也要記住，愛不一定是一種感覺。愛是一個抉擇！）

如果你對某一個（些）人的答案是：「不！還不行！還不能！」別輕易放棄！神能改變那些對你苛求的人！ 繼續為這事禱告吧！

如果你的答案是「是」，我建議你把愛的行動寫下來，而且要很用心的針對那些不可愛的人示愛。

愛的行動計畫

在一張紙上寫下，你願意讓神的愛通過你，澆灌在他們身上的人的名字。在每一個名字後面多留一點空白。

回到單子上，寫下你可以在一週到十天內付諸實行的「愛的行動」。你或許已經有自己的想法，不過下面一些例子可供參考。求神指示你，最適合每一個人的「愛的行動」。

- ●邀請他共進午餐
- ●靜聽他訴說
- ●說話使用柔和的言語及語調
- ●寄給他一張賀卡或電子郵件
- ●請教他的見解
- ●在工作上幫他
- ●對他微笑
- ●烘焙或買一些餅乾、糖果，與他共享
- ●為他作一些雜事

幾週之後，當你完成了這些愛的行動時，再回到你的單子上，寫下你在這個人身上所看到的改變，也寫下你在自己身上所看到的改變。

第五章

屬靈原則 5：作一個好的聆聽者

耶穌邀請最親信的三個門徒和祂一起上山。抵達之後,這三個門徒看見前所未見的景象:耶穌在他們眼前變了形像,忽然摩西、以利亞也在那座山上跟耶穌說話。那景象不由得令他們肅然起敬。

其中一個門徒驚恐過度,不知道該說什麼才好。然後他開口了,在他最需要閉嘴聆聽的時候,他說話了。當他還在不知所云、胡言亂語的時候,神從天上對他說:「**這是我的愛子,你們要聽祂!**」(馬可福音9:7下)

彼得絕對需要學習如何聆聽。他一向是個講話的人,一個行動的人,一個天生的領袖人才。聽到神叫他要聆聽,對他來說,必定是當頭棒喝!

神今天仍然對我們傳達同樣的信息,就像當年祂在變像的山上,強而有力地對付彼得一樣,祂催促我們作一個好的聆聽者。如同雅各說的:「(但)你們個人要快快的聽,慢慢的說,慢慢的動怒。」(雅各書1:19下)

聆聽的重要

記不記得你上回所做的抱怨:「你知道嗎?那個人的問題就是不肯花時間聽。」這是人際關係中相當普遍的怨言。「不聽」,會引起人與人之間的不快,拉長人與人之間的距離。當有人拒絕聽我們說話,若「不聽」已經成為這個人際關係的模式時,我們當然會覺得自己不受歡迎,被低估,甚至被排斥。

　　顯然，如果別人聆聽我們是那麼重要，那麼聆聽別人也同樣重要。有些人是天生的好聽眾，有些人卻有困難，必須經過學習才能獲得有效的聆聽能力。但是不管難不難，認真改進聆聽的能力，是我們每一個人義不容辭的責任。你看！神給我們兩隻耳朵和一張嘴，會不會是暗示我們，要在該說多少話，跟該聽多少話之間，好好保持一個適當的平衡？

「話多」

　　假定你能把某一天自己所說的話都記錄下來，等你坐下來分析錄音帶的時候，會發現什麼？說的時間多，還是聽的時間多？除非我們學會實踐「慢慢說」的原則，否則大概不會是一個好的聆聽者，因為當我們在說話的時候，就不太可能聽見別人說的話。

　　試想你認識的一個「話多」的人。他那個壞毛病是否造成你，或其他人跟他之間的問題？慢慢說話真的是有智慧的。即使你的話毫無破壞性，話一多就會把人趕走，令人不敢趨近。

　　此外，當你話多時，難免說出一些不該說的話。箴言10：19警告我們，「多言多語難免有過；禁止嘴唇是有智慧」。當所羅門寫箴言18：13時，他也給我們一些好意見。他說：「未曾聽完先回答的，便是他的愚昧和羞辱。」

　　拒絕聽的人和還沒聽完就回答的人，都一樣，夠蠢！夠愚昧！夠荒謬！是沒有智慧，還是愚蠢？記住，只要是在說話當中，我們就學習不到任何東西。聰明人懂得建立良好的聆聽習慣的重要性。當你成為一個比較有效的聆聽者時，你生活中的人際

關係，保證會有很大的改善。

改進你的聆聽能力

我不是一個天生的好聆聽者，不過一旦開始思考聆聽的問題，沒多久我就認出我的缺點在哪裡。多年前我才開始認真思索，我自己到底是不是一個好的聆聽者，所以我那不好好聽的壞習慣持續了好久，而且變本加厲。

自從我開始反省這個多年的惡習，並為此禱告時，我對自己的缺點就變得非常敏銳。雖然還有尚待改善的地方，但是毫無疑問的，神已經幫助我改進不少。雖然祂要對付我的事還沒了，但比起過去，我的聆聽能力已經進步多了。

認識你的缺點

改進聆聽能力的第一步，必須先認清我們失敗的地方。多數人可能不知道自己聆聽能力很差。聆聽能力差是人際關係的一大障礙，所以很值得我們認真去做檢討。

處理這個問題的一個方法是，請教你幾個親近的朋友、同事或家人。如果已婚有孩子，也可請教你的配偶及兒女。允許他們批評你的聆聽能力，讓他們告訴你缺點在哪裡。

如果你肯真誠地捫心自問，就能獲悉不少資訊。請看下面哪一項符合你。

●我經常在想我要說的，而沒有真正在聽。

●我經常魂遊四方。當別人說話的時候，我在想別的事。

●我很容易打斷別人的話。

●我經常替人把話說完。

●當別人跟我說話的時候，我在做別的事，所以很容易分
　心。
●當別人跟我說話的時候，我常常更正他們。
●我讓我的偏見影響我所聽的。還沒聽完就已經下了判語，
　有了評價。
●我是一個選擇性的聆聽者，只聽自己有興趣或喜歡的話，
　濾掉我認為不重要或不中意的話。

以好的習慣代替壞的習慣

　　一旦你認清了自己的壞習慣，就要開始一個一個的對付、糾
正、改善。每一天為一項惡習禱告，求神幫助你作一個好的聆聽
者，而不……（說出一個有問題的行為）。在神面前每天指認一
項壞習慣，能使你對自己的不足變得更敏銳。如果你想改變，這
樣做是絕對必要的。沒有神的權能和激勵，沒有你自己天天以禱
告來到神面前，將問題、困難一一交託，你是無法做到的。

　　同時你也要開始以好的聆聽習慣來取代那些惡習。下面是一
些可以著手的實際方案。

你常常在想接下去你要說什麼，而沒有在聽。我發現自己常常做
這種事。我必須花心力提醒自己「要聽」，不可以去構思下一句
要說什麼。當我領悟，認為自己要說的話比別人正在說的更重
要，是出自我個人的自負與驕傲時，我就被激勵去改變這個惡
習。

　　我也發現聆聽的一部分問題，是出自我缺乏耐心。如果別人
話說得不夠快，或他們未能說到重點，我就開始關機不聽了！

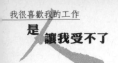

這世上沒有什麼神蹟妙法能使你擺脫這種惡習，你只能藉著自我節制和禱告使自己對這點變得敏銳。每當你「重施故技」的時候，就會自覺，而重新調整注意力，使你聽見別人說的話。另一個方法也蠻管用，就是當對方「在說」話的時候，盯著他看。

你需要用全副的意志，但是你可以單單學習把注意力放在對方「在說」的話上，而不要去想自己下一句要說什麼。

當別人在說話的時候，你常常魂遊四方。我承認這也是我的惡習之一。我發現自己腦子裡想了一大堆亂七八糟的事，就是沒在聽！我可以在神態上擺出留神聆聽的樣子，例如保持目光的接觸、不時點點頭，實際上對方在跟我說什麼，我一句也沒聽進去，因為我的腦子正在漫遊！

幫助你集中注意力的方法之一是，一面聽一面做筆記。我發現尤其是在打電話的時候，這個方法特別管用。另一個對策是，當對方在跟你說話的時候，眼睛要盯著他看，然後告訴自己，注意聽！我發現自己需要一再提醒自己，才能保持注意力的集中。不過一旦學會自我節制，你會發現自己的聆聽能力逐漸改善。

你有打斷別人的話，或替人把話說完的傾向。這是一種令人厭煩的習慣。不管是打岔或替人把話說完，我保證一定會在你與別人的關係中製造很多溝通上的問題。當別人在說話，你去打岔，當然顯不出你的關注。這些的確是壞習慣。

為了戒除這種行為，你需要一些外在的幫助。很可能你根

本對自己所做的不自覺，所以要請那些跟你親近的人幫助你，提醒你去留意。如果你允許他們在你打岔的時候糾正你，你就不會因為他們這樣做而厭煩。

　　想像有個同事很和藹的對你說：「抱歉！老李！你又打岔了。」又假若一個鐘頭之內這樣發生了四次，試想，你不是就開始對這事變得更敏感了嗎？這樣對付自己的毛病，絕對有用！但你必須有勇氣，並且樂意讓這壞習慣曝光。

　　雖然這樣做會讓你好幾天不舒服，但是我向你保證，一定會改善你的人際關係。不僅你會開始改掉這個不能好好聆聽的惡習，而且你的同事也會感激你，欽佩你那麼樂意改變。誰知道？也許還會幫助其他人，發現他們自己在這一方面也需要改進呢！

當別人跟你說話的時候，你在做別的事，所以分心了。我永遠不會忘記，有個好朋友指出，我在電話上跟他說話的同時，也在做其他的事。他告訴我那樣做是冒犯他、傷害他。我相當震驚，因為我認為他應該瞭解我需要做很多事。畢竟，我是個大忙人啊！

　　你聽得出我這種想法有多離譜、多傲慢嗎？我自己卻沒有！一直等到他讓我察覺這種習慣有多糟時，我才醒悟過來。他在電話中聽到我在翻紙張，或在打電腦。我知道即使我有本領同時做兩件事，很顯然的我一定會漏掉了他說的一些話。我這樣的舉止告訴他，他不是重要到當我們談話時，我必須把其他事務暫時擱下的地步。

　　不管是在電話上或面對面的交談中，這種不良習慣都可能發生。眼目不接觸、一直在座椅上挪動、肢體語言侷促不安等等，都傳達類似的信息，表示你這一方的注意力分散了。我現在嘗

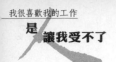

試，不管在電話上或面對面跟別人談話，一定停止手上的工作。基本上，離開電腦、放下正在閱讀的書、上身傾向對方、保持眼光的注視……這些動作都能減少分心，讓自己留意對方在說什麼。

當別人在說話的時候，你常常更正他們，讓自己的偏見影響自己所聽的。聽的時候，別人還在說話，你就已經下了判語，有了評價。你是一個選擇性的聽者，只聽自己有興趣的或喜歡的話，濾掉你認為不重要或不中意的話。這些聆聽的壞習慣，在我們生命裡都已經根深蒂固了，我們需要花一些功夫去做心靈探索，才能有所改變。

　　更正別人的行為，證明我們有一顆批判人的心，它出自我們要找別人的差錯，攻擊人的意願，而不是想好好聽懂對方在說什麼，瞭解他所站的角度及想法。這類行為顯示一種心態：我一直都是對的。

　　當我們以外表來批判，還沒聽到（或聽完）對方說話，已經依據我們的成見把人歸成幾類，於是產生心存偏見的聆聽。這種偏見可能是針對穿著、種族、膚色、經濟狀況或教育程度等等。偏見可以是各式各樣，我們多多少少都存有一些偏見。我們看外表，但是神看內心，所以我們要摒除自己的成見，把對方當作一個個體來看待、去聆聽。

　　選擇性的聆聽者只聽他們想聽的。這種人抗拒改變，不能面對自己的不足，也從來不聽別人的見解。有青少年的父母對這種惡習應該很熟悉，不過也不只限於這個年齡的族群。

　　你看得出嗎？這類心態不僅阻止你成為一個有效的聆聽

者，還會嚴重的損害人際關係，它們需要被識別、指認、坦承，並以禱告的方式一一剔除。

對付這種壞習慣的一個方法是，在還未採取任何反應或行動之前，強制自己把聽到的話，重複改述給對方聽。改述是，用自己的話把聽到的話重複說一遍。 如果你對我說：「現在，看看我是否聽對了⋯⋯。」然後把我說的話改述一遍，那麼我就知道你不僅聽了，而且還在意你是否聽對了。這樣也能幫助我們排除個人的偏見，拋棄想去更正人的意向和選擇性聆聽的壞習慣。

有效聆聽的益處

當你逐漸成為比較有效的聆聽者時，你將留意到在自己身上和個人的人際關係上都有了改善。

●你再不會常常提早「下錯結論」。
●你再不會常常說出一些「會後悔的話」。
●你對同事會有更多的「認識和瞭解」。
●你的「緊張度」也會減低。
●「品德」會提升。
●「心態」會健康。
●少出「錯」。
●少招致「誤解」。
●比較有「成就」。
●起床、上班都不再是這麼難了！

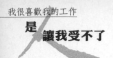

　　試想，只要我們願意下功夫成為一個較好的聆聽者，這一切都是可能的。這些都是頗為看好的益處，也是我們能力所能及的。

　　不過想成為一個比較好的聆聽者，最重要的動機，應該是我們定意要順服神，我們的主；要照著屬靈的標準及原則來度日。我發現，當這世上再沒有什麼能激勵我去改變的時候，渴望討神喜悅的心就能激勵我。這位神，愛我，甚至把祂自己都給了我。

個人成就的檢討

　　檢討本章在「改進你的聆聽能力」這個標題下的那段聲明。把符合你的項目寫下來。如果你有三個以上的項目，選出其中你認為急需處理的兩項。然後，找出一、二個挽救的方法或對策來幫助你採行有效的聆聽方式，取代壞的習慣。如果你需要一些協助你改進的點子，那麼再回顧一下本章「以好的習慣代替壞的習慣」標題下的那段。

　　請記住，你不可能一步登天。如果你為這事繼續禱告，而且每次對付一、兩個壞習慣，就會察覺自己有所改變。如果你發現自己的聆聽能力，像我的一樣，實在太差，請不要灰心！當你看到一個壞習慣有了改變，就能激勵你繼續往前邁進，直到全都改變了。

第六章

屬靈原則 6：可靠與忠誠

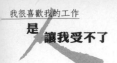

　　一個年輕人，受敬虔的母親和祖母的影響，年幼的時候就決定，要做使徒保羅的幫手。後來他果真成為保羅最親信、最可靠的助手。從保羅寫給各教會的書信，你會發現他多次，在多處提到提摩太。當他自己不能親自出馬的時候，總是差派提摩太去鼓勵、勸勉，幫助各教會。

　　保羅很看重提摩太，事實上他認定提摩太是他在基督裡的兒子。這個年輕人之所以在神的事工上如此被看重，是因為他既信實又忠誠。（哥林多前書4：17）

　　對任何領袖、經理、公司，或個人來說，年輕的提摩太擁有很寶貴的品格特徵。你應該聽過這樣的一句俗語，「可靠是最上等的才能」。其實它不止是一句俗語而已，它是事實！保羅寫信給腓立比教會的書信上這麼說：「因為我沒有別人（像提摩太一樣）與我同心，實在罣念你們的事。……但你們知道提摩太的明證，他興旺福音與我同勞，待我像兒子待父親一樣。」（腓立比書2：20,22）

　　記得我早期的推銷生涯，上司答應，如果我的業績達到某一個數目，我將得到晉升。我拚了命的苦幹，好不容易達到了目標。當我在指定期限完成時，自然是非常高興。因為我可以昂首闊步地走進上司的辦公室，向他展示我的銷售記錄，以支取他所應許的獎賞。

　　我永遠不會忘記當時他臉上的羞愧表情，和結結巴巴的反應。他對我的銷售成果當然很高興，但是他必須告訴我，他做了一個無從兌現的應許。顯然他的上司告訴他，他沒有職權以晉升來獎賞我。雖然我這頭做到了，但是他那頭卻無法履行。

他「是」向我道歉了，而我「也」嘗試忘掉那件事，但那事影響了我們之間往後的關係。第一，他再作任何承諾時，我很難再相信他了；第二，一旦我發現他沒有他所吹噓的職權時，也影響了我對他的敬重；第三，此後很長的一段時間，他對我總有點不自在。那個無從兌現的應許像一朵烏雲，懸掛在我們之間。違背諾言，在人與人之間的關係上，便會產生這樣的後果。

你為人的可靠信譽如何？

你是否覺悟為人有信譽的問題？與你共事的同仁視你為可靠的、偶爾可靠的、或不可靠的人？**可靠的信譽要花相當長的時間才能建立起來，但是卻能毀於旦夕。你的信譽如何，對你的人際關係有重大的影響。**

我想到一些我會與他們保持距離的人，因為我知道他們不可靠。這種人很能高談闊論，述說他們將做的事，但屆時卻不見蹤影。他們會留下我死守那一袋子的諾言，卻令我失望，因為他們雖然承諾了，卻無意或無從執行。結果我的心大受損傷，我對他們的敬意也打了折扣。雖然我私下也許還會喜歡他們，但是我不會再跟他們合作任何一項企畫案，因為事實證明，他們不值得信任。

當事實證明某些同事不可靠的時候，我大概得多次跟在他們後面收拾殘局。那就意味我會錯過自己交差的期限、延誤被託付的工作，因為他們到時會「把球扔了」，把企畫甩了；也意味到時我必須面對血拼的危機、蹩腳的成果、失望的顧客；或被人慫

愚做尷尬的解釋，或找藉口搪塞……等的局面。所以，我雖然仍然願意以恩慈相待，但實在不敢再與他們共事。**欠缺可靠的信譽，代表麻煩事即將臨到！**

在我生命中有些人非常值得信賴。那些人就是我想招攬到我團隊裡一起共事的人。他們值得信賴，我會很想跟他們一起共事，我會想跟他們以任何方式搭檔。這樣的人際關係令人感到舒暢，是一個可靠、有樂趣的關係。我們彼此間的相互尊重、信任是相當重要的。

值得信賴，絕對能提升人與人之間的關係。這是一項很清楚的屬靈原則。 我盼望你在「成為可靠的人」這件事上認真。

違背諾言的後果

所羅門深深了解，違背諾言所帶來的破壞性有多大。他這麼寫，「*所盼望的遲延未得，令人心憂；所願意的臨到，卻是生命樹。*」（箴言13：12）

「盼望的遲延」是形容失望的另一個方式。不管何時，當你對人許下承諾或應許時，你就在那人心裡塑造了一個盼望，他就盼著你實現所作的承諾。如果你沒有充分的理由或適當的解釋，而沒有守住這個承諾，那人在心理上對你，會留下那麼一點遺憾。遲延的盼望，未實現的應許，就像英明的所羅門所說的，「令人心憂」。

試想，一個食言的應許，或失落的承諾，所留下的後果。當然，這個後果是隨著情況的嚴重性及其中所牽涉的人物而

異。但不管如何，絕對有後遺症，其中包括下列部分或全部的後遺症：

- ●失望
- ●憤怒
- ●被拒絕感
- ●信賴感的瓦解
- ●人與人之間的疏離
- ●蹩腳的工作成果
- ●低劣的評價
- ●加薪或晉升機會的喪失
- ●敬重心的喪失
- ●信心的失落

當你發覺對方不可靠時，會改變你對那人的心緒。顯然，一時的疏忽不應該造成永久的損害，而我們都需要給別人第二次，甚至第三次的機會。無疑的，我們需要那種慈悲與關懷的心腸，有時是我們自己需要第二次的機會，因為沒有人擁有絕對可靠的完美記錄。但是，如果不能彼此信賴，人與人之間的關係就很難維持了。

少承諾；多履行

傳道書5：5說，「你許願不還，不如不許。」所羅門再一次就有關應許和承諾之事，給我們很好的忠告。

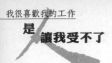

　　有一句值得背誦的格言是「少承諾，多履行。」小心，不要油嘴滑舌的許下你無法或無意執行的諾言。謹慎考慮你的承諾。寧可不隨便許諾，也不要不守約。你所做的若比承諾的更多、更快，就給對方一個驚喜的印象。這樣就比失信更容易解釋，更好收場了！

可靠性的審查

對下面的問題，你的答案會是什麼？

● 我的同事是否認為我很可靠？

● 我是否常常準時赴約？

● 我是否常常錯過期限？

● 我是否對該做的事及該做的時間很粗心大意？

● 我是否在壓力之下，很容易做不實際的承諾？

假設可靠性不是你的長處，我鼓勵你好好的探討，自己怎麼會養成這種不可信賴及不守諾言的惡習。看看下面這一些描述是否符合你。

● 我生命中的榜樣角色（父母、家庭、朋友）都不是很可靠。

● 我有個懶散的個性，以致缺乏可靠性。

● 我的心意很好，但是缺乏組織力，以致不可信賴。

● 我對時間的安排及運用，能力很差，常常拖拖拉拉，以致成為不可信賴的人。

●我很容易分心，因此經常忘記我對人的應許及承諾。

●在個人的生活習性上，我的自制力或紀律都不足。

●我常常做一些不切實際的承諾。

改進你的可靠性

改進可靠性的第一步是：認清自己的弱點。如果從上列項目中你能指認出自己缺乏可靠性的原因，那麼你已經踏上改進可靠性重要的一步！

把你經常失敗的事項寫在禱告日記上，開始天天為這些事項禱告。身為基督徒，在聖靈裡你擁有難以置信的能力泉源，祂就住在你裡面，使你改變。不過，改變要從想要改變的動機開始，這樣才能討神的喜悅，此外還需要你的意願及毅力，去做某些特定的改變。下面是一些建議，幫助你把所需做的改變具體化。

尋找榜樣角色

我的父母以身作則，教導我及我的兄弟守信。他們總是很準時，甚至還常常提早。他們把每一項承諾，當作自己信實的試金石，而他們的言行，確實令人滿意。家裡期望每一個份子信實、可靠。我長大了以為每一個人也像我一樣，具備同樣的品格。然而事實並非如此，使我認清在我生命中的榜樣角色，對塑造我的價值觀具備相當的重要性。如果沒有這麼有益的家教，我對自己那付懶散的性格，是否還能成長為可靠的人這件事，置疑。

如果你不是在好的榜樣角色引導下長大，改變並不是不可

能，而是更富挑戰性。求神提供你一些替補的榜樣角色。指認你想蛻變成的人，作你的榜樣角色，觀察他們，跟隨他們的腳步學習。早年沒有榜樣角色，不見得會妨礙你一輩子的生命。即使沒有所需的榜樣角色，你仍然可以「擊開捆鎖」、「破繭而出」。

要記得，你也在別人（孩子，同事，朋友）的生命中扮演榜樣角色。當你有這樣的認知時，你對那些仰望你成為他們榜樣角色的人，才不至於施予同樣的損傷。

對付懶散的個性

在有關才幹的比喻裡，耶穌告訴我們，那個拒絕去使用、發揮才幹的懶僕人，他的後果如何。主人對那個僕人說：「你這又惡又懶的僕人，你既知道我沒有種的地方要收割，沒有散的地方要聚斂；就當把我的銀子放給兌換銀錢的人，到我來的時候，可以連本帶利收回。奪過他這一千來，給那有一萬的。」（馬太福音25：26-28）

「惡」跟「懶」是很重的譴責。這個不幸的僕人什麼事都不做。「懶」不是小問題，它是罪。對「懶」這項罪，神一點都不覺得好玩、有趣，或者可以通融！

克服懶散的第一步是，就它的本質，清楚的指名道姓：在神眼中懶散是罪。每一天為懶散在神面前擺上，認清神是怎樣看它的。整天提醒自己，神如何看待懶散。你必須認真對付這個惡習。

先著手做你不想做的！

　　我發覺有一個建議很管用：先做你討厭的工作。盡早把不想做的事做完，一旦處理好了，你會驚異自己的精力竟然如此充沛！這樣也能幫助那些易於拖延、耽擱的人。坦白說，這是我自己常常使用的招術，所以我可以保證這方法真行得通！

製作日程計畫系統

　　沒錯！有些人天生就有組織能力，但是我們都需要足夠的組織力，把該做的、何時該做的事整頓好，讓它們上軌。在這一點，我們實在沒有任何藉口，因為我們有很多的選擇、夠多的資訊。如果這一點常是你的困難，你需要做一個對你有用，能使你如實履行的日程計畫系統。它可以是一張普通用紙的待辦事項表，也可以是一本方便保管的行事曆，或比較複雜的掌上型個人數位助理（PDA），不過你得確實地天天使用。圖書館裡擺滿了有關時間管理的指南書籍。以這個主題所舉辦的專題講座比比皆是。這一個項目要找幫助並不難。不過你得去執行，因為沒有人會替你執行。

找出令你許下不實承諾的潛在因素

　　我們所做不實的承諾，常常會讓自己陷在注定失敗的網羅裡。如果這是你的問題之一，那麼你需要自問，為什麼你輕易許下自己能力承當不起的諾言？是否為了贏取人心、影響他人？是否為了避免當時不愉快的場面？是否想討好每一個人或某一個人？是否還沒想清楚就承諾？探討一下，確定為什麼你有這種傾向。然後把它當作每天禱告的項目。

　　每一次在你想承諾的時候，停下來自問，這承諾是否實際可

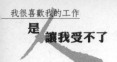

行？自問，它是否是一項有關規範的問題（參見第一章）。你是否想做面面俱到的人？做承諾之前，一定要讓你自己花時間思想這些問題。

　　說些像「讓我花幾分鐘（或一天，甚至一週！）想想」這樣的話，就能為自己爭取一點思考的時間。如果你忘記，而快速倉促的做了一個承諾，那麼儘快回去撤銷那個承諾。這樣做是不容易，但是，如果你糾正得夠快，總比做了一個愚蠢的承諾強得多。你可以這麼說：「你知道嗎？我說得太快了，那是我的一個壞習慣。我需要好好想一想再做決定。我要知道我是否能實現承諾，讓我就這事好好考慮，回頭再跟你聯絡。」

忠誠的成分

　　如同你要有可靠的信譽一樣，你也要有一個忠誠的記錄與信譽。我們一般認為忠誠是與好朋友和家人有關。但是在我們的工作關係上，也一定有忠誠的成分。

不忠及其後果

思考下述的局面和可能的後果。

你有一個曾經長時間共事過的同事。你們曾經分享過許多私生活，你也因此信任他。然後你發覺，他把一些你私下分享的隱私告訴別人。可能的後果：

　　●對他背叛了你的信任這事，你深受傷害，那種傷痛影響

了你跟他繼續交往的方式，也影響你對兩人之間的承諾，
令你思考是否該對那人再度付出的意願。

● 你不太可能再跟這人分享私事。

● 你也開始對這人在其他方面的可信度有所保留。

你的同事在你面前佯裝是朋友，背著你卻常取笑你，說一些有關
你不屬實的事，並且想在你與職務上有關的人之間，製造衝突。
可能的後果：

● 你很氣這個虛偽的同事。這氣憤在言語中、肢體語言上，
以本能的退縮及其他不計其數的消極方式，表達無遺。

● 你跟這個同事之間有了距離。

當你因為一項誤失被錯怪時，你的上司沒有支持你及你部門的同
仁。可能發生的後果：

● 毀了你對上司的信任。

● 熄滅了你樂意為上司及公司赴湯蹈火的心。

● 降低你對上司的效忠。

你的同事奪走了你的業績，或你的上司對你所達到的成就不當一
回事。可能的後果：

● 生氣、怨恨，因為你覺得上當了，沒有得到該得的回報。

● 你在人際關係上變得更小心、謹慎、甚至冷淡。

這些都是在工作關係中，普遍可見缺乏忠誠的例子，我相信
你遲早都經歷過其中的一、兩項。在每一個情況中，試著思考：
缺乏忠誠對人際關係的破壞力。

這並非說，道歉、對質及饒恕無法彌補人際關係上的錯失。其實，這些在健康的人際關係中，常是不可或缺的，因為我們都曾失敗，需要「復建」。（參見第九章。）不過，預先的防範措施，總是比事後的復健明智多了。何況，有些人際關係上的創傷，真的會留下無法抹滅的疤痕。這種現象在喪失信任的情況下特別真實。

忠誠跟言語有密切關係

無可置疑的，你現在一定留意到我常提起所羅門。這是因為箴言（還有傳道書）寫滿了有關健康的人際關係，不可或缺的建議和待人處事的基本原則。所羅門之所以被公認為世界上最有智慧的人，不是沒有道理的！在此他再度給我們一個頗具啟發性的見解。他說：「遮掩人過的，尋求人愛；屢次挑錯的，離間密友。」（箴言17：9）

忠誠的人會保護人際關係，必要的話甚至會衛護它。忠誠的意願，使我提防任何會傷害我的朋友、同事、上司、或公司的事；忠誠的意願，使我對他們任何一個可能犯的過失，或造成的問題不大驚小怪；忠誠的意願，排除閒言閒語，或背後的中傷、吹毛求疵；忠誠的意願，使我即使在自己可能受傷害的情況下，仍然會去維護那個關係。

忠誠，而非掩護

要記住，為了忠誠有時會掩蓋過失，但這並不意味掩蓋罪的真相。在任何人際關係裡我們需要清楚，我們絕不寬容錯的行為，絕不把該揭發、糾正的事掩蓋。但是如果我們想維護一

個人際關係，就不會參與常見的閒話與中傷。再者，如果有一個
情況需要被揭發，忠誠的人會小心謹慎，先找當事人說明，並運
用各種防範措施，控制可能產生的傷害。

忠誠的人盡力阻止流言，使朋友或同事不致於受窘、受苛
責。他會儘可能避開眾人的眼目，悄悄的處理。

最近一個好朋友跟我分享一件很痛苦的家庭處境，這件事跟
他的一個孩子有關。然後他告訴我，他們夫婦為了保護這個孩
子，決定除了極少數的親朋好友外，不公開這件事，以避免帶給
孩子更多的難堪。他們做了很明智的決定，要在這件事成為歷史
之前，儘可能給這孩子足夠的遮蓋、保護。

忠誠的人不會任由傷害朋友、同事的事遊走。正好相反，他
們會想辦法保護這個關係，盡其所能去維持跟那人的關係，但是
在理念及信仰上並不妥協。

閒言閒語的禍害

所羅門說：「屢次挑錯的，離間密友。」（箴言17：9）。「屢
次挑錯」是「閒言閒語」的另一種說法，而閒話對人際關係總是
有害的。它不會把人聚合在一起，它會離間人。

聖經提到很多說閒話的罪。記住，即便是事實，閒話本身就
是罪。我們如果說別人的閒話，傳遞既不必要又令人不愉快的廉
價消息，就損傷了我們跟那人，以及那人跟別人的關係。「閒
話」是破壞人際關係的主因。

我確信，我們比自己所認為的還容易說閒言閒語。我激勵你

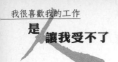
對「閒話」要更敏銳，會留意自己所說的或聽到的一些關乎某人既不必要，又不是恭維的話題。「閒話」顯示忠誠的欠缺，造成的損傷，其後果會像漣漪一樣，遠超過事發當時的感應。

我有幸在柏克里聖堂服事，參與一些事工。有兩次我聽到幸巴拉牧師正式歡迎新會友。每一次，他都花約十分鐘的時間對站在會眾面前的新會友，表明教會對說閒話的立場。

他告訴他們，那個教會不允許閒話。（任何教會都不允許，對不？）他說：「如果有人到你面前說任何有關我、其他同工、或任何一位會友的負面消息，你要即刻阻止他們，對他們說：『你跟幸巴拉牧師（或者他們所談論的人）說過了嗎？』 如果他們沒有，你就要說：『讓我們現在就去告訴他。我跟你一起去，我們可以立刻處理這件事。』」

「閒話」是教會會友間、家庭中、公司裡最具破壞性的工具之一。我們真的必須認定，忠誠於人際關係，不參與任何閒話，乃是我們的責任。我鼓勵你將幸巴拉牧師的教導，擺在自己的生命中。

個人成果檢討

回顧本章「可靠性的審查」標題下的問題。將你認定的個人缺點列出一張單子。

然後問一些與你共事的人，他們對你的可靠性及忠誠度的看法。（順便一提，當你要人對你做坦白的評語時，你所得到的回應常會比那因沮喪、生氣而反彈出來的回應舒暢、悅耳多

了。所以，挺起胸膛來問：「我做得如何？」）

如果你既可靠又忠實，你會得到一些激勵你的好評。如果你還算可靠，也能忠實，你會在他們的評語裡，聽到一些保留。如果你既不可靠、又不忠實，他們可能就直接告訴你，或乾脆不做答覆。但是，不管是哪一種反應，你都能從中得到一些建設性的回饋。

把你從朋友或同事得知的任何信息都加寫在單子上。然後研究這張單子，把導致你不忠、不義的惡習中，最糟糕的兩項標明出來。

一旦你做到這些，最困難的工作已經完成了。現在，為單子上的事項奮鬥，開始一個戰爭的禱告。一項一項的為改變惡習而爭戰。看見自己靠著神，真的改變了，會令你興奮，並激勵你繼續前進。

第七章

屬靈原則 7：建設性的對質

有一位崇高的領袖，在品格上卻有一大敗筆。他不僅羞辱了自己和國家的名，更羞辱了他宣稱他所服事的全能神的名。

　神差遣祂的先知與這個王對質。為了幫助王看見自己所犯的罪有多可怕，先知說了一個簡單的故事，是一個富人如何出賣一個窮人的故事。王聽了富人的所作所為非常憤怒。然後先知對他說：「你就是那人！」先知就這樣單刀直入，毫不含糊的對王直言。他把王如何行「在神眼中看為惡的事」，一一陳述，並道出王將為這罪付出何等大的代價。王以自己的信譽，立刻擔負起自己的責任，坦承說：「我得罪了神。」

　當然你知道這就是先知拿單和大衛王之間對質的聖經故事（撒母耳記下12：1-14）。這個局面，對質的確是絕對必須的，而且是神所指示的。今天我們這個世界也有同樣的需要。不管是道德上的問題，或是日常生活中出現的過失，甚至是職場上的是是非非，我們也跟拿單一樣，需要與人對質。

　不過我想，如果我們就自己不喜歡作的事，作一番審思的話，對質會被列在前幾項。不管是職場或私人生活，大多數人對何時該對質，以及如何來對質都會經歷一番掙扎。對質不僅不是一個愉快的經歷，而且還是一項我們能免則免，一拖再拖，迫不得已的事。　然而，當我們在恰當的時間，以合理的動機，用適當的方式處理對質的時候，對質卻是我們能夠藉以改善人際關係，最具建設性的方法之一。

　本章我們將說明：該對質而沒有對質的後果；建設性對質可能的好處；更重要的是，當時機成熟該對質的時候，你所需

要的指導。這是促進人際關係，所需學習的重要課程之一。

避免對質

我們在該對質的場合時逃避，常常會惹來更多的傷害。

逃避對質的後果

考慮下面的假設情況：

我們兩人搭檔共事，但是我在職的資歷比你長。因為你做事粗心，你的許多錯失都得由我來收拾，結果徒增我許多額外的工作。因此，你的工作習性成了我挫折感的大半主因。

結果這些思緒就在我心裡翻騰，直到我受不了，就跟另一個同事，也是我的好朋友，分享我的沮喪。換句話說，我進入了說閒話的模式裡，告訴這個同事我不喜歡你等等。既然這個同事是我的朋友，他就被我所說的影響了。

不久，我的好朋友跟公司另一個部門的一個同事聊天，無意中提到你，我的朋友就將他聽到我談及你的負面事情說了出來。沒多久這個閒話就傳遍了全公司，你的名譽也因而受損。

你留意到有些同事跟你來往的方式變了，覺得不對勁，卻不曉得是怎麼回事。你只是覺得人際關係轉變得這麼差，繼續做下去很沒趣。

*　　　*　　　*

在這個假設的情況，因為我的閒話，使你現在與你的同事面臨人際關係上的困擾。

再考慮其他可能的後果：

● 公司的士氣受損。

● 你個人的品德出了狀況！

● 你的心態變壞。

● 你的工作效率降低，虛度的光陰增多。

● 你的表現持續不精確，間接地也影響客戶。

● 上司對你不滿意。

● 我繼續對你差勁的工作習性感到沮喪，影響我的心態。

你懂了吧！下面是接下去要考慮的重要事項。對付自己差勁的工作習性，你可有什麼其他的選擇？每一項選擇可能會產生什麼樣的後果？

我可以去找上司抱怨，希望他能指正你的過錯，解決問題。沒有先試著直接跟你處理問題，就去向上司抱怨，會令我看起來像個打小報告的人。再者，一旦你發現我這麼做，我們之間的關係就很難再有改善的希望了。

我可以什麼都不說，也不做，期待問題會自動消失。閉上嘴，不採取任何行動，必定會導致我內心的苦毒及氣憤，這些心緒遲早會在失控的狀況下，很破壞性的爆發出來。

我可以不跟任何人談，而直接以建設性的方式與你對質。這是

唯一有意義的選擇。如果我這麼做了，我們兩人很可能就可以滿意地解決問題。

不情願對質的原因

下列項目是否符合你？

● 我很少為任何事向任何人對質。因為我會覺得很不安，所以總試著避免任何不愉快的局面。

● 我怕對方的反應，不想傷他的心，所以很不情願對質。

● 我會因多種原因而內疚，覺得自己似乎沒有權利、資格為任何事跟任何人對質。

● 只有當我很生氣的時候才會去對質，然而爆發出來的時候就都錯了，結果造成更多的問題。

● 我經常對質，但沒有考慮該怎樣去對質，所以被反彈。

你該看出上述沒有一項對質是建設性的。如果有夠多的項目符合你，表示你需要改進對質的能力。

恐懼對質

對多半的人來說，恐懼是對質的主要障礙之一。然而提摩太後書1：7告訴我們，「因為神賜給我們，不是膽怯的心，乃是剛強、仁愛、謹守的心。」

在別處的經文，「膽怯」被譯為「恐懼」，不過兩者對探討對質的問題都很重要。當論及該做的事，神不要我們恐懼或膽怯。當你知道該對質的時候卻心懷恐懼，那個恐懼的心是從哪兒來的呢？保證不是從神來的。

　　問問自己這個問題：目前在你的生活圈子裡，有沒有這樣一個人，你知道為某事或某個問題，你需要去跟他對質卻尚未對質的呢？如果你的答案是肯定的，那麼看看下列幾項中，是哪些原因令你裹足不前？

●我怕對方的反應。

●我不知道該怎麼對質。

●我曾經跟他對質過，結果更惡劣。

●我曾經跟他對質過多次，都沒有什麼效果。

●我不願傷他的心。

●不知道我是否有立場去向那人對質。

●對質這事我從來做不好，怕自己會再出醜。

●我在等適當的時機（也許是下個世紀吧！）。

　　分析你的答案，探討你無法對質的根本原因。你是否真的有一種恐懼：被拒絕的恐懼；被非難的恐懼；對失敗的恐懼；對爭執的恐懼等等。如果恐懼使你在需要對質的時候沒有對質，沒有採取建設性的步驟去處理、改善，必定會讓你們之間的關係惡化。

　　即使問題可能是出在對方錯誤的行為或心態，但是當你拒絕去對質，它就會是你人際關係出問題的主因，也意味你需要對這個關係負責任。你需要以禱告及有計畫的方式，提起勇氣來對質，如此才能期待這個關係好轉。

對質是建設性或破壞性？

請注意本章的主題是「建設性的對質」，這表示並非所有的對質都是建設性的。沒錯！很多對質因為動機不對，進行的方式有問題，反而使事態更嚴重。

破壞性的對質

思索一下你所觀察的對質背後是什麼。很多對質是出於氣憤、沮喪、自私、「一意要佔上風」、或缺少耐心等心態。下面是一些實例，說明對質常見的問題。

你的上司召集部門的員工開會，在幾項報告和討論後，他宣佈某些方面的工作質量很差。如果工作質量沒有改進，上司以可能發生的後果，用警告、威脅的方式對某些人發怒。這是破壞性的對質，因為它是以在人前發怒，令人羞愧、尷尬的方式對質。

一個同事打電話給你，他在電話上發脾氣，因為他發現，昨天有個會議你沒有通知他。他認為他應該出席那個會議，而你卻沒有把他含括在內，所以他很刻意的數落你。這也是一個破壞性的對質，因為它是以電話而非面對面的方式對質，而且是倉促、含怒氣的對質。有些人沒有勇氣面對面對質，就用電話當作他們的擋箭牌。

你的上司把你叫進他的辦公室，說：「這個月你又沒有達到預定的指數，這個情勢快要變成固定模式問題了，我要你馬上改進。」這仍然是一個破壞性的對質，因為指摘的用詞會引起自衛的反應，阻止有效的溝通。上司尚未給你解釋的機會，就已經認

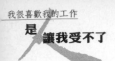
定你沒有什麼好理由。不管你有沒有足夠的藉口,這種處理方式,勢必引起你的憎恨、怒氣和尷尬,因此無法激勵你或教導你該如何去處理問題。

建設性對質的基準

我要強調,即使是為了別人的利益而做建設性的對質,仍然是痛苦、費力、不討好的事。對質很少是舒適的,因此千萬別把「感覺舒適」當作建設性的人際關係。你若覺得不安,心裡七上八下,並不證明你不需要去對質。

如果你能坦誠的表白,藉著對質能幫助那人改進他的生命(假如他也樂意接受幫助),那麼你的動機是健康的,你應該勇往直前去對質。

有一些特別的問題你可以自問,以便確定某個對質是否具有建設性。

如果對質很完滿的結束,對方能從中獲益嗎?如果會,那就是一個建設性的對質。這並不表示對質不具敏感度,不會引起暫時的傷痛,也不表示對方第一個反應良好。不過,一旦越過即時的反應,如果對方能瞭解對質的必要,就會產生積極的改變,那麼對他而言,這個對質是有益的。

是這個情況或這個人需要對質,還是你的心態需要改變或你自己需要更多的耐心?有時候我們以為對方需要被對質,其實對方只需要我們更多的耐心跟諒解。如果你搞不清楚到底是需要耐心或對質,那麼很可能對質是不必要的。

你知道，人需要成長、改變，有些事沒法子一蹴即成：我們需要時間，更需要理解。有時即使有必要對付某人，我們仍然有可能會被神呼召去耐心承受。

這是一項我必須一再學習的功課，因為我這個人很缺乏耐心。神提醒我，不是每個人都得以我的速度，在我的團隊裡，跟著我去踢正步。我可以信任神會在適當的時機，以適當的方法在對方身上做工。**神並不是要我們在每一個衝突的場合，找尋對質的機會，有時祂只要我們學習多一點的忍耐。**

記得有一次我決定去向教會一個姊妹對質，因為我不喜歡她的心態跟舉止。對她需要改變這一點，我沒有錯，但是對質的時間，我卻選錯了。她是一個初信的信徒，需要時間成長。我的好友建議我不要去對質。她說：「妳只要作榜樣角色，活出敬虔的生命就好了。她看得懂身教所傳達的信息。」

我感激的聽從這個好朋友的意見，就耐心等候。結果神成就一個奇妙的工作：祂琢磨了這個婦人。她成長得很快，現在她在帶領查經班。我看見她的心態改變了，變得更和善、溫柔。

給歌羅西教會的書信裡保羅說：「倘若這人與那人有嫌隙，總要彼此包容，彼此饒恕。」（歌羅西書3：13）。神若要我們以耐心與對方共同承當，而我們卻去對質，有時會把事態弄得更糟。

你要對質的意願是否出於想扯平的渴望，或是出於憤怒和報復的心理？不管何時，只要我們的對質是出於錯的動機，那就不是建設性的對質，甚至是不必要的對質。那個同事或許真的需要被對質，若只是因為你實在厭煩對方的所做所為而去對質，那麼你的動機，純屬自私，是可疑的。

如果你分析耶穌的對質（福音書裡多處記載），就是當祂直接衝著對方時，你會注意到，祂從來不因個人的理由來對質。祂並不因為被人踩了一腳而心煩，倒是別人所受的傷害令祂煩心。

當對質不恰當時，有個紅旗會警告我，那就是當我多半只想到自己的權益受損時。懂我的意思嗎？當我在想，「這對我不公平。」「我才不受這個氣。」「他們怎麼可以這樣對我呢？」這些都是錯誤的對質理由。

以愛心說誠實話

「以愛心說誠實話」是對質時最重要的原則。如果對質要做得正確，有健全的動機，那麼我們所要進行的任何對質，必須深植在對那人的愛裡。這個「愛」不是指一時衝動的情感，或甚至是對那人的好感，而是像神那樣關心別人權益的愛。它是基督的愛，藉著聖靈澆灌在我們內心；是一種除非有聖靈的權能和力量在我們心裡動工，我們就無法真正理解的愛。（參見第四章）

記得有一次一個新員工決定要向我對質，結果變得一團糟，令我非常不安。第一，他選了最糟糕的一天來對質。他知道那是相當繁忙的一週裡最糟糕的一天，他也知道其他緊迫的事務會令我分神，但是他仍然不管三七二十一的來與我對質。

第二，他非常年輕，經驗不足，也不知道事情真相。他上班工作不到兩個月，資訊完全不足。

他沒有冷靜下來想想是否應該對質，時間是否恰當，理由是否充分，事實是否正確，是否侵入他沒有職責、權力、或不瞭解的區域。簡而言之，他只有從自己的角度去看，也未考慮

其他有關的人事，就橫衝直撞了。

我記得他說：「但是我禱告了。」怎麼說呢？我不質疑他是否禱告了。不過，如果他尋求任何有信譽的心理輔導的見解，毫無疑問地，他們不會建議他來對質。然而他讓自己假想了一堆不真實的事，把自己的整個情緒都激動起來，然後相信，因為他為這事禱告了，所以應該做來對質。

有趣的是，我們都認為既然禱告了，就相信自己做對了。然而不正確的禱告並不能把事情搞對。我們以為可以用禱告來為自己所做的事辯護。所以當你跟對方對質之前禱告（是應該事前禱告）求神啟示你，你可能犯的錯誤時，你要求神幫助你，超越眼前看來明顯或似乎是有那麼回事的局面，自問你是否真正瞭解當前的情況。

很多雇員把跟上司毫無關連的事，都歸罪在上司身上。但是，因為雇員不瞭解整個事態，也不清楚上司所有的資訊，還認為自己是對的，執意去執行不恰當的對質。在這些情況下對質，你可能錯了。沒有全面的了解，別做與事實不符的指責，把自己陷在尷尬的處境裡。

對質的提示

一旦你達到結論，需要為某種情況向某人對質時，你必須考慮對質的相關事項。要記得，對質本身是敏感、棘手的，因此需要考慮周詳才去進行。一個魯莽、倉促、沒有事先計畫的對質，會導致一場徹底的災難與不幸。下面兩句格言，提供我們處理對質的好建議。

愚蒙人是話都信；通達人步步謹慎。（箴言14：15）

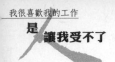

不輕易發怒的，大有聰明；性情暴躁的，大顯愚妄。（箴言 14：29）

小心謹慎的人與性情暴躁的人，是兩種不同個性的人。這兩段經文警告我們，不管是採取那一種的對質，都要仔細思考，謹慎小心，不可倉促；行事要詳細周密，不可在情緒激動的狀態下進行。

選擇適當的時機。對質的時機是成敗的關鍵。下面哪一種情況是對質的適當時機？
- ●你很心煩，幾乎要掉淚了。
- ●煩惱了一個晚上沒睡。
- ●你還在生氣。
- ●你要對質的人這週特別忙。
- ●你要對質的人正面對一些問題或局面。
- ●你要對質的人最近有健康問題。

這些情況都明白顯示，它們都不是對質的時機。因為對質是一個敏感的局面，所以要盡量選擇成功率高又有利的，而非有礙的時機。時機要盡可能對雙方都合適。「把問題留到第二天再處理」雖然是個老方法，卻是很管用的座右銘。千萬別匆忙的對質，先讓自己的氣消了，給自己充裕的時間做準備，才能掌握情況。同時也要辨明自己的動機是否正確。

再來就是選擇對方適當的時機。舉個例子來說，別選週間很忙的日子、要離開的最後幾分鐘、對方顯然精疲力竭或為某些事忙碌的時候。

不過，也要注意，某些對質是不宜拖延的。下面的情況就是例子：

- 現在不對質，可能沒有機會對質了。
- 情況很不穩定，到處都有被危及的可能；再等的話，可能損傷他人的名譽或福利。
- 拖延會使耶穌的名受辱。
- 拖延會使你個人的道德或品格被誤解或毀謗。

選擇適當的地點。不僅適當的時機重要，適當的地點也很重要。以下是當你在選擇一個適當的地點時，該注意的幾個基本原則：

- 選擇一個能夠面對面談話，不會被人聽見的隱蔽處。雖然辦公室是個隱蔽的地方，仍需要謹慎一點。把對方叫進自己的辦公室，關上門這種舉動，畢竟會暗示有人處在對質的狀況了。
- 選擇職場外的地點是一個好主意，特別是景況可能會引人側目時。
- 考慮以一起進餐的方式來處理。當我們與人一起進餐時，比較能打破障礙。

避免指責。指責的字句常令對方處於防衛的火線上。

- 「你從不準時……」
- 「你犯了三次同樣的錯……」
- 「你不知道該怎麼做這個……」
- 「在部門裡你跟別人相處不來……」
- 「你的心態惹來很多麻煩……」

- 「你從來不聽我的……」
- 「你叫人都順著你的意思太久了……」

請留意所有的句子都是以「你」字開頭。現在試想，這些指責都是衝著你來的，你會如何反應？它會令你防衛，使你情感受傷、退縮、爭辯、生氣……。指責的字句會促發這種併發症。

記住！我們是在探討建設性的對質。如果對質所使用的方式，其結果會對每一個人都有益處，這就是雙贏的對質。為了避免置對方於自衛的地步，我們需要在用字選詞上謹慎，這些包括：

- 「也許有一點誤會…」
- 「我可能錯了，但是…」
- 「我想你不是故意的，但是…」
- 「如果我的消息正確的話，…」
- 「這是我所理解的」
- 「你也許沒有察覺到…」
- 「我知道你不是有意傷害。但是…」

計畫你要說的話。箴言21：23 提醒我們「謹守口與舌的，就保守自己免受災難。」小心謹守你的用字一向重要，尤其是當你要向人對質的時候。不管對質成功或失敗，如何述說你要說的話會產生很大的差異。

箴言16：21 的建議很恰當：「心中有智慧，必稱為通達人；嘴中的甜言，加增人的學問。」這節經文的另一個翻譯

是，「言語的甜美，增加說服力」。「教導」是建設性對質的目的，對不？我們要積極的教導人、激勵人去改變。悅耳的言辭有助於教導，這並不是說我們得感情洋溢，當然也不要虛偽，而是說在選擇容易讓人接受的言辭上，我們要夠聰明。

記得有一次我發覺在一個職位上錯用了一個員工，需要向這位新員工解釋。那是一個很大的錯配，我早就應該看出來。但是當初既然做了一個匆忙的決定，我現在必須面對必要的糾正。

我瞭解他的自我形像相當脆弱，決定暫時按捺住自己待發的脾氣，替他擔負起所有的責任。我告訴他，是我的錯，讓他選擇去留。（我相當有自信，他不會留下，因此給他選擇的機會比較容易。）

他對我發了一頓牢騷，我覺得沒有必要解釋或自衛：畢竟他會離開到別處去，他的自信心已經受到打擊了，我不需要對他再加施過度的衝擊。況且，聽他述說他認為的事實，（雖然我知道不是）並不致於傷害到我。

如果我認為與他對質，向他解釋、說明他的工作為什麼不能令人滿意，會對他有幫助的話，我會照做。但是我覺得他不是堅強到可以面對我的對質，向他對質就會是一個嚴重的打擊。我不要讓這事發生，所以選擇做個「笨瓜」。有時，這或許是神要你選擇的、有智慧的途徑。

建設性對質的場合

職場上有些很常見的情況需要建設性的對質。讓我們一起來

看看其中的一些情況。

粗心的錯誤

有些錯誤之所以產生，是因為你沒有注意到細節，但它會影響你的工作能力，且在公司或部門製作的品質上妥協。雖然你只是這個人的同事，不是他的上司或經理，這些都仍然算是需要建設性對質的情況。多半的個案，最好在向上呈報之前，嘗試向當事人對質。

所以你決定鼓起勇氣，跟這個同事談。你選擇了一個工作量還過得去的一天，邀他在你預先安排、談話能確保隱私的地方吃午飯。你必須採取一種聽來不像指責的方式進行，而又必須說到重點，說得具體，這樣才能達到建設性對質的目的。

那一種方式最合適呢？你可以說：「你知道，我在這裡工作將近十二年了，你在這職位上還算新手，現在出了一些狀況，惹了不少麻煩，我想給你一些指點比較好。讓我指出你出錯的地方，……。」

或者你可以試著說：「記得當我剛開始在這裡工作的時候，每件事都很陌生，令人困惑，所以出了很多紕漏。但是有一個人真是幫了我很多忙，所以我想，同樣的我或許也能幫你的忙。有一些地方如果作一些變動的話，會輕省許多，也能進行得順利一點，減少顧客的抱怨，比如……。」

第一種方式含指責的意味，是不？那些字句的含意包括，「既然你在這個職位上還算新手」，「你犯了幾個錯，惹了不少麻煩」和「讓我指出你出錯的地方……」。這種方式多半會引起即時的防衛反應；第一段話說完，就遏止了彼此的溝通，

多半使情況更加惡化。

變換幾個字效果就大不相同。留意第二種方式所使用的建設性字句：「我想也許我也能幫你的忙」和「做一些變動會輕省許多」。

注意這些「讓人脫身」的開場白。你給對方一個「下台階」，他就不需要防衛了。要讓自己柔軟一點，分享一些你自己也不完美的例子。

正視不良的工作習慣

需要對質的不良工作習慣包括經常遲到，未能在期限內完成，工作草率，沒有依照政策或方案去做。

就說你是經理或指導員吧！有個職員習慣性的常常上班遲到。找一個好的時間，召喚他進你的辦公室，先談其他跟行業有關的事，這樣不會令他一來就要防衛。討論結束時，再提起棘手的守時問題。那麼你該怎麼著手最好？

首先，你可以說：「你走之前，讓我跟你說件讓我蠻心煩的事。你常常遲到，逼得我要發瘋。我要每個人準時上班。你是被雇用準時來上班，所以我從現在起要看到你上班準時。希望這件事我說得夠清楚了。」

或者你也可以這麼說：「我留意到你對準時上班有困難。有沒有什麼問題？ 如果有好的理由，你也許需要告訴我。讓我們一起想辦法來處理，像扣掉你的午餐時間或延長下班時間。」

第一種方式的重點是在經理身上：「逼得我要發瘋」，「我要每個人準時上班」，「要看到你準時上班」。再說，這種方式不太能激發對方順從的意願。

如果可能，激發人願意做該做的事，比使用權威要求對方要好得多。第二種方式比較可能產生好結果，因為它不會把人推到防衛的角落。它給對方一個出路：指責之前，讓對方有解釋的機會。

心態問題

也許心態是最困難的對質問題之一。如果某人懷負面的或錯誤的心態，對質就難以成功。不健全的心態，比任何你能想得出來的事，更具傷害力。

讓我們假設你跟一個經常對每件事消極、難纏、抱怨、沒有喜樂的人一起工作。考慮下面這兩種對質的方式。

第一種大概是這樣：「我留意到你的心態常常是消極的。你對任何事好像都沒有喜樂，讓人很難跟你相處、共事。你的心態真的破壞了整個工作氣氛，所以我建議你要下功夫做得積極一點。」

另一種比較建設性的方式大概是這樣：「我留意到你對這裡的工作、人事常常不滿。我不是愛管人家閒事，只是想看看是否有什麼我可以效勞的地方。當一個人變得消極了，常常會把其他人也拉下去。也許我們能夠採取一些比較建設性的步驟，幫助你改變心態。」注意這個方式避免指責，又留下空間，可以互相討論。

對質或不對質

如果你不是經理，但是你知道同事有一些需要被對付的不良工作習慣，如果行政管理階層不知道或沒有對質，你當採取哪種行動？告訴經理，讓他去對質？告訴同事，希望就在兩人之間做個了結？如果事情跟你沒有直接關係，你就不管嗎？即使跟你有直接關係，你也不管嗎？

「到底要不要對質？」這個決定並不是像黑白那麼分明。**每一個情況都需要經過仔細的思考，加上很多的禱告及從神來的智慧。**如果你不是那人的直屬經理，決定對質之前，先問自己下面的問題：

- 對方有沒有可能認為我不適當，沒有資格？會不會是我多管閒事？
- 我跟他的關係到不到他會開懷接納我的意見或對質，甚至感激的地步？
- 這人不良的工作習慣，對我忠於職守的表現是否有直接的負面影響？
- 是否只因我做得這麼賣力，而這人做得這麼差勁竟然沒事，令我對他心煩？

到底你是不是與這人對質的適當人選，從你對上面問題的應答，可見一斑。

當對質反彈

我已經鼓勵你，當對質是正確的時候不要逃避對質。但我們

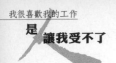

也需要瞭解，即使是建設性的對質也不擔保都能成功。所羅門警告我們，當人被對質的時候，他不見得肯聽或改變。

> 喜愛管教的，就是喜愛知識；恨惡責備的，卻是畜類。（箴言12：1）
>
> 謹守訓誨的，乃在生命的道上；違棄責備的，便失迷了路。（箴言10：17）
>
> 愚妄人所行的，在自己眼中看為正直；唯智慧人，肯聽人的勸教。（箴言12：15）

不管你的動機有多單純，使用的字句有多好，建設性對質的結果如何，仍然是無法保證的。也許很好，甚至會打開很多有益的溝通管道。但是，就另一方面來說，對方也可能不發一言，沒有任何反應；或者生氣、心煩、自衛、受傷害或情緒化了；也許那人就是拒絕改變；更有可能對方只不過是防衛心太強、或者太缺乏安全感，或太傲慢，你說的話他一句都聽不進去。只要記住，在那個情況下，你只能掌握你所能做的，掌握不了對方的性格、經驗和思緒反應。

建設性的反應可能姍姍來遲。一般常有的現象是，對質當時，對方的反應不可收拾，但事後思想、反省，他知道你用心良苦，回過頭來，作出良性的反應。

個人成果審查

除非你能輕而易舉達成對質（如果是，你大概沒必要看到

這裡。），我要鄭重的要求你為一個必要的對質做計畫。我確信
對你會有很大的幫助，你在這方面的技能會開始改進。這件事對
那些上層階級的主管尤其重要。

下次當你發覺有必要對質的時候，先坐下來，拿紙、筆寫下
方案。下面的簡單格式能確保你做好初步的準備工作，給你信心
去進行對質。

我的對質計畫

我需要向「某某人」（姓名）對質，幫助他。對質之前，我
會：

- 禱告，祈求神給我智慧和指導。
- 必要的話，尋找或徵求所需的意見。
- 審查自己的用心是否健康、良好。
- 確保自己不是為了出氣或報復。

對質最恰當的時間是 ＿＿＿＿＿＿＿＿
對質最合適的地方是 ＿＿＿＿＿＿＿＿
我的開場白是 ＿＿＿＿＿＿＿＿＿＿

不管即時的反應或結果是什麼，我相信神能成就這事，使祂
自己的名得榮耀。

第八章

屬靈原則 8：多走一里路

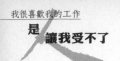
路得早年就失去了丈夫，丈夫的兄弟也死了。小叔也留下另一個年輕的寡婦俄珥巴。她的婆婆拿俄米也是寡婦。婆婆決定回她本國，因為她的丈夫、兒子先後過世時，他們是住在外地。

拿俄米對她的兩個兒媳說：「你們各人回娘家去吧！願耶和華恩待你們，像你們恩待已死的人與我一樣。願耶和華使你們各在新夫家中得平安。」(路得記1：8b-9上) 沒有人會爭論為什麼這兩個年輕女人應該回娘家，因為如果她們回娘家，就仍然有機會找到有盼望的未來，所以實在沒有不回去的理由，因此俄珥巴就決定回娘家了。

但是路得回答說：「不要催我回去不跟隨你。你往那裡去，我也往那裡去；你在那裡住宿，我也在那裡住宿；你的國就是我的國，你的神就是我的神。」(路得記1：16)

路得做到比別人對她的寄望或要求都多。她願意「多走一里路」。剛開始，這件事看來是個錯誤的選擇。跟著拿俄米的生活是很貧苦，她必須去撿拾落穗才有得吃。那是一件既下賤，又不安全的工作，但是路得心存謙卑，願意繼續「多走一里路」。

你知道這個故事的結尾了。當她在波阿斯的田地拾落穗的時候，波阿斯注意到她和她對拿俄米的孝心。沒多久婚禮的鐘聲就響了，路得下嫁波阿斯。他們的兒女之一成了大衛王的祖父。如果路得不願意「多走（那）一里路」，她必然會失去這個令人難以置信的祝福。

我們也被呼召去「多走一里路」。對這一項原則，耶穌的教導很清楚。

> 你們聽見有話說：「以眼還眼，以牙還牙。」只是我告訴你
> 們，不要與惡人作對；有人打你的右臉，連左臉也轉過來由
> 他打。有人想要告你，要拿你的裡衣，連外衣也由他拿去。
> 有人強逼你走一里路，你就同他走二里。（馬太福音5：38-41）

這是絕對革新的教導。我得告訴你，對這種教導，有時候我
還是覺得難以下嚥。這跟我們的傳統文化正好相反。我們對個人
的權益非常著迷、執著，我們已經在備戰狀態，只要有人膽敢侵
犯這些權益，就會反擊。但是這裡，耶穌教導我們任人把不屬於
他們的東西奪走，而不反擊。這又是我們生命中「屬神」才可能
做到的事，因為依照人性，我們不可能以這種無私的方式來回
報。然而耶穌卻這麼做了，而我們也是被召去跟隨祂的腳步行。

「多走一里路」的心態是什麼意思？是轉過另一邊的臉，或
把裡、外衣全給了？耶穌究竟要教導什麼？這意思是說基督徒在
職場要：

●忍受不公平的待遇，不發怨言？
●接受任何處置？
●忍受他人不良的行為或舉止？
●不對人口出惡言？

不！「多走一里路」的心態不是被暴力傷害的處方，也不是
引導我們走上成為門口踏腳墊之途。在這個「多走一里路」的原
則上要有一個平衡點。我相信，當耶穌敦促我們，做多於我們當
做的份時，祂也設置了規範，讓我們知道該再多走多遠，該再多
做多少。

能肯定的是，「多走一里路」的心態會令我們：

是讓我受不了

●忍住，不說一些我們想說卻可能具有破壞性的話語。

●做一些我們不必要或不願意做的事。

●多花一點時間和心力去幫助人。

●忍受一些刻薄的話語和待遇。

●耐心容忍那些在經驗、知識上都不如我們的人。

有個人跟我分享他的親身經歷。他跟好幾個比他年輕的人在同一個公司上班。他有一個執著的工作倫理，但那些年輕人似乎不認同。結果他就做了超過他當做的份。

他陳述時，我可以「聽見」他累積了好幾個月的苦毒及憤慨。他說：「我不能再對他們這麼通融了。他們那種懶散的態度，實在讓我生氣，不知道公司虧欠他們多少債似的。事實上，我已經盡可能避開他們，甚至到了有時不講話的地步。」

我想我們都能認同他的感受及反應。這種處境很具諷刺性。雖然他做了過於他所當做的，「多走一里路」，然而他的善行並沒有為他打開他和同事間愛的通路。實際上，他的行為還導致他們之間的衝突，因為他對自己為他們過去所付出的心力深感憤怒，而他們也知道。

當我跟這個人交談的時候，我直覺的想對他說：「聽著！你不應該再這樣繼續忍下去。你已經容讓夠久了。回去告訴行政管理部門，把這件事揭穿，跟他們去鬥。」

但是我們不能忘記，我們是基督徒，我們的經理是神。在對公司或管理部門負責之前，對祂負責是我們的第一優先。「多走一里路」也許不是這個人對公司的職責，但真的會是他對神的職責。問題是，他積聚了一肚子的怨氣，再努力「多走

一里路」，不僅對他作基督徒的見證無益，還可能適得其反。

我確信你們中間也有人曾經做過類似的事。很多人越線，走過頭了，結果是滿心的不平與憤怒。是誰的錯？真的是我們自己的錯。我們讓自己變成受害者。這樣做並不是耶穌說的「多走一里路」所指的意思。

不過，每有一個願意多走好幾里路的人，就有更多連第一里路都拒絕走的人。你說對不？所以要為自己能持守適當的平衡而禱告。千萬不要讓周遭的文化環境，奪走你學像基督的意願。

蒙召作自動自發的人

當沒人在場觀望的時候，你會多用心、多認真工作？這就足夠衡量你「多走一里路」的心態如何。箴言6：6-8這樣論及自動自發：「懶惰人哪！你去察看螞蟻的動作，就可得智慧；螞蟻沒有元帥，沒有長官，沒有君王，尚且在夏天預備食物，在收割時聚斂糧食。」

螞蟻是自動自發的生物。沒有人站著觀看牠們，告訴牠們該做什麼，牠們會自動的勤奮執行自己的職責，為未來作準備。

基督徒在職場上應該像螞蟻：自動又樂意的投入，不需要別人的敦促，不需要不斷的監督就能完成任務。你的經理能信任你嗎？你能令他相信即使沒有人在場監督，你也會認真做事嗎？基督徒肯定能擁有這樣的信譽。

如果我們的生命與一般人沒有兩樣，我們在世上的見證就不可能有效。如果我們抱著今天很普遍的「這不是我的職責」的心態；如果我們慢吞吞的，只做該做的事，或如果我們抱怨做那些超過或不在職責內的工作，我們的同仁及管理人員怎麼能夠看

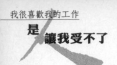

到，基督真的使我們有截然不同的生命？他們不能！即使我們作口語的見證，它也只會掉進聾子的耳朵裡。

身為基督徒，我們有肉體之外的屬靈能力激勵我們：我們有神內住的聖靈，賦予我們所需的力量。不管有沒有人在觀看，我們應該在職場上，藉著我們的工作，竭盡全力，樂意「多走一里路」，活出一個不同凡響的見證。

個人成果審查

下面有哪幾項工作不是你的職責，但是在過去六個月裡，你曾做過？

- 下班後留下來，以便準時把工作做完。
- 教導一個同事，他所需要的工作技能。
- 幫助同事解決他的工作設備問題。
- 做一個額外的企畫或工作，來增進公司的運作、生產或服務。
- 重做一項工作，以改善品質或成果。
- 雖然沒輪到你，仍然清理廚房或咖啡壺等。
- 代接電話。
- 替上司做件事，減輕他一點工作負擔。
- 借同事使用一些設備或資訊。
- 幫助一位工作正緊張的同事。

你還能不能加上一些例子？

你該如何檢視自己「多走一里路」的心態？

●我常常「多走一里路」。

●我偶爾「多走一里路」。

●我拒絕做任何不是我分內的工作。

●我走過頭了！

如果你拒絕或很少「多走一里路」，你能找出原因嗎？下面哪一項最符合你？

●我的工作太多，沒有時間再接別人的工作。

●從來沒有人幫過我，所以我也不幫人。

●既然從來沒人領情，所以我討厭幫人。

●我很懶散，常常讓事情得過且過。

●只要我「多走一里路」，別人就會常常寄望我「多走一里路」。

你能想到一件下週就可以「多走一里路」的事嗎？你願意去做嗎？

第九章

屬靈原則 9：修補破裂的人際關係

　　他是個叛逆的兒子、主見很強的孩子，一個必須嘗試考驗自己翅膀夠不夠硬朗的人。所以他帶走了父親該會給他的財產，踏上自己選擇的路。沒多久他就揮霍了所有的錢財。他那種毫無掛慮、不顧後果的生活方式，玷辱了家庭的名譽，把自己搞得窮困潦倒。

　　最後，他終於醒悟過來，認清自己面臨的實際情況，於是決定回到父家，求得一個僕人的身分。那樣，至少比當前的景況好。

　　你知道這個記載在路加福音書第十五章「浪子回頭」的故事。當這個兒子回家時，父親從老遠就看到他，跑去迎接他。父親原諒他這個走入歧途、迷失方向的兒子，重新恢復他在家中原有的地位，又辦了一場晚宴慶祝他的失而復得。

　　這幅饒恕的畫面令我們困惑。要是我的話，就會揪住這個年輕人的衣領，好好教訓他這麼徹底的失敗。我會要他拚了小命，去把自己能有資格再回到家的權利賺回來。我會告訴他，他必須為自己行為的後果吃點苦頭。我會提醒他，他的哥哥是個好孩子，譴責他怎麼就不能多學學哥哥，多像哥哥一點。

　　但是，在耶穌說的這個比喻裡，為父的完全沒有採用我的方式。相反的，他衝出去，原諒他！他的饒恕實在太快、太徹底了。兒子過去所作所為全都被放過，他又是一張白紙。因為，為父的已經饒恕他，歸還他原有的地位，沒有懲罰他、報應他。

　　耶穌說這個故事教導我們，天上的父神樂意饒恕我們，讓我們重新歸位；教導我們應該如何饒恕別人，給別人第二次機會，如何竭盡所能，修補破裂的人際關係。

如果人際關係像人生的砂紙那樣不牢靠，那麼，破裂的關係必然像蒸汽壓路機，要把我們像薄煎餅一樣輾過去，留下我們去品嚐生命的空洞、被人遺棄和情感受創的滋味。

有人告訴我，他沒法像往常一樣參加他家的年度聖誕歡聚，因為他那位已經不再彼此交談的兄弟也會在場。他說明他們之間關係破裂的原因。根據他所說的聽來，他似乎是很有理由覺得受傷害。但是，這個令他傷痛的破裂關係，導致他不能參加那麼重要的家庭聚會，也影響了孩子們的心緒。

另一個朋友三十年的婚姻現在破裂了。但不是他的錯，他也在盡力修補，不過他的痛苦可想而知。

還有一個朋友被公司裁員，他認為很不公平。這項裁決是出自他所信任的人。他不僅把這些人當老闆、經理看待，更當他們是朋友。現在，工作關係的了結，也造成他與那些他曾一度尊重的主管人員之間的關係破裂。

想想你的生活圈裡，你個人的或你所知道的破裂人際關係。思考一下那些破裂、令人痛心的關係所導致的後果，其餘波不僅影響當事人，更不可避免地波及許多人。

我們是否注定要活在這些破裂的人際關係中？修補破裂的人際關係，你我的責任在哪裡？這就是本章要思考的問題。

耶穌「修補」破裂的人際關係

馬太福音第五到第七章是我們所說的登山寶訓，是耶穌在加利利海邊一個山坡上，對門徒和其他跟隨者所講的一段話。這段

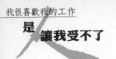
話針對好幾種的人際關係，給我們很清楚的指南。

讓我們看看耶穌對人際關係的破裂或損傷是怎麼教導的。

> 「所以你在祭壇上獻禮物的時候，若想起弟兄向你懷怨，
> 就把禮物留在壇前，先去同弟兄和好，然後來獻禮物。」
> （馬太福音5：23-24）

在祭壇上獻禮

在那山坡上的人應該立刻就懂這個比喻。任何一個會上祭壇獻禮的人，必定是一位虔誠、有宗教信仰的人；一個嚴謹，不隨便許諾的人。我相信耶穌引用這個歷史背景來教導我們：

- 即使是一個承諾要把事情做對的人，也有人際關係的困難。
- 修補破裂的人際關係，比宗教活動和責任更為重要，更為優先。
- 我們不能用宗教活動來取代人際關係的修補。

想起弟兄向你懷怨

這裡的「弟兄」是指那些跟我們同有一般性情，與我們有關係的人。這個名詞不限指骨肉手足，或在基督裡的弟兄姊妹。

耶穌說：「……若想起弟兄向你懷怨，……。」就暗示我們可能會忘記自己有破裂的人際關係。因為破裂的人際關係是痛苦的，因此否認它的存在，是處理這個問題的方法之一。否認有好幾種形式：

- 即使必須製造一些不必要的活動，也要讓自己保持忙碌。

●說服自己，我對這關係已經盡心，再也無能為力了。

●說服自己，惹出問題的人應該先主動談和。

●尋找其他關係，來填補空缺。

●自我「療傷」，讓驕傲、固執阻止自己採取修補的行動。

你對自己很「適意」的「忘記」需要修補某個破裂的關係，曾經自覺內疚嗎？那麼下面哪一個理由適用於你？

●不知道該說什麼，或該怎麼說。

●怕被拒絕。

●怕把事情弄得更糟。

●很難啟口說聲「對不起」。

●認為是對方錯，因此對方該先表示歉意。

●沒找到適當的時機。

●太驕傲、固執，沒法子低頭下就。

●沒辦法直接面對問題，只好逃避困難。

我已經說過了，改進人際關係的第一步是：坦承自己的錯。如果你願意讓神的靈「光照」你，就會發現自己內心裡隱藏著許多需要被清除的錯誤心態。也許多半的問題真的是出在對方，但是要說所有的錯都可以怪在一個人身上，就少見了。

我們需要用大衛的禱告文禱告說：「（神阿！求你）鑒察我，知道我的心思；試煉我，知道我的意念，看在我裡面有什麼惡行沒有，引導我走永生的道路。」（詩篇139：23-24）你一旦承認自己在這個破裂的關係中所扮演的角色（不管多小），向神坦白認錯，使自己願意去做任何可以彌補的事，來挽回這個關係，你

就會覺得，那種建造帝國的重任，已經從肩上被卸下來了。

讓我們再思考一下「懷恨」這個詞。有沒有可能，多數人很會記得別人的錯，卻太容易忘記自己的過錯？有沒有可能問題是出在一些連我們都認為不值得一提的事上？譬如說，易受傷的心靈、誤會、說話急躁、選錯字、說錯話、或只不過是一時的疏忽？

也許別人與我們敵對，很可能是出於他自己的想像，或只不過是對你的誤解。不管是什麼情況，只要演變成關係的破裂，就需要去面對。

有時候，你會認為這項處理破裂關係的原則，應該要倒過來使用。事實上，即使你是受傷害的一方，神仍有可能要你「先」踏出第一步。

一個年輕人告訴我，他跟他父親之間的嫌隙。對他來說，父親從來就不是一個好父親。現在他只渴望父親會為他心靈上所受的痛楚向他道歉。他一再地祈求神，敦促父親願意向他賠不是。

不過，當他研讀聖經時，神很清楚的告訴他，是他需要父親的饒恕。雖然比起父親來說，他實在沒有必要道歉，但是他也看見自己的所作所為，領悟到自己也不是完全無辜，就順服神，求父親饒恕。

他的父親楞住了！做父親的清楚自己的錯遠超過孩子。但是他沒辦法回報孩子一聲道歉，他也許一輩子都辦不到。但是這個年輕人知道自己已經做了神要他做的，結果他背負好久的情感包袱就被卸下來了。

把禮物留在壇前

為什麼需要把禮物留在壇前才能和好？耶穌在這裡強調，處理破裂的人際關係的急迫性及重要性。他說，在效果上，一旦你察覺有人對你懷有敵意，與對方和好就成了你的第一優先。

想一想這段經文當時的風俗習慣及文化背景。依照猶太人的律法，如果有人在祭壇前盡神聖的職責獻祭的時候，還沒行完禮就把禮物留在祭壇前，跑了！那是非常極端、不被認可的行為。但耶穌知道用這個比喻能很清楚的傳達，祂看與人重新和好是如此的重要。

回想一下過去幾年你在職場上、教會裡或家庭中所碰到的人際關係問題。下列哪些是你曾目睹的（自己的或別人的）和好失敗的情況？

- 關係的破裂越來越嚴重。
- 破裂的原因被誇大，遠超過事實。
- 因為和解失敗，無辜的人也受傷害。
- 謠言和背後的中傷增加。
- 問題被忽視得越久，就越難解決。
- 敞開大門，讓許多不合邏輯、有害的人際關係蠢蠢欲動。
- 導致教會的分裂。
- 導致家庭的破裂。
- 導致其他人際關係的惡化。
- 導致龐大的財務壓力。
- 不利於他人為耶穌所作的見證。
- 導致非基督徒對基督徒產生負面的看法。
- 導致那些涉及的人不再對耶穌基督忠心，或損害了他們的

屬靈生命。

這張單子很長，但是還不詳盡。所需的和好越拖延，其他的後果，就會接二連三的出現，我相信你都經歷過。

先採取行動

耶穌說：「先去……。」這是一個指令，對不？它不是一個建議，而是一個直接的命令。誰去？當然是我們！耶穌教導，即使不是我們的錯，我們仍然要先行動，而且要快！

這跟你從「世俗的指導專家」所得到的忠告相反。他們比較有可能給你一些像下列的忠告：

●不是你的錯，是對方的問題。讓對方先行動。

●別讓對方的情緒操縱你。

●有些關係是命中注定的。讓它去吧！

●對方需要長大，學取一些教訓。

屬世的方法常常著重於自我。但是捨棄肉體所要的，而樂意照神的方法行，就是耶穌所說的失去生命的，要得著生命。

留意耶穌對祂的指示並沒有多加解釋。祂說你跟別人的關係若出了裂痕，不管真相如何，趕快去修補！毫無疑問的，這樣做當然丟臉，令人受窘。但是我們需要去做該做的事，而不是讓情緒操縱我們的行動。

我跟神的關係中有一項我仍然在學習：就是我的第一個反應總是很屬肉體，且自私。我曾經以為總有一天我會長大、就能突破。也許我會，但還沒有呢！不過，現在我看到的是：當

我在神的恩典裡成長時，會成為更成熟的基督徒，我就能不理會自己第一個有罪的反應，而樂意去做神要我做的。並不是等到自己感覺對了，才催促自己起動，而是讓自己進入那個對的感覺裡，去採取修補的行動。

去重修和好

和好在字典裡的定義是：使停止敵意或對立；恢復；再成為好的或修補。因此，如果你想跟某人重修舊好，應該不會做下列的事：

- 重覆數落對方所犯的錯誤和過失。
- 為自己辯護，解釋自己為什麼沒有錯。
- 述說自己所受的傷害。
- 指出對方需要改變的地方。

我們的確會渴望對人詳述自己所受的冤屈。不過，如果你的目的是重修舊好，就必須放棄爭辯你是對的權益，或重提你那已經不值得再提的看法和見解。比較恰當的是，你可以：

- 對你可能引起對方不悅的行為，接受對方的責備。
- 談談你願意做什麼，來彌補你們之間的關係。
- 解釋這個關係對你的重要性。
- 訂下一些或能避免來日再發生類似的誤解或傷害的原則。

不要把重修舊好跟對質混淆。重新和好是停止敵對。對質的目的是，說明不滿之處和需要改變的行為。有時需要先對質，才可能重修舊好。

撒母耳記上15章，神因為掃羅不順服而拒絕讓掃羅做王。當先知對掃羅說：「你為何沒有聽從耶和華的命令？」他回答：「我實在聽從了耶和華的命令。」 就像我們一樣，掃羅想盡辦法要為自己的行為辯護，因為他是順從了，不過只順從一部分而已。撒母耳應答說：「耶和華喜悅燔祭和平安祭，豈如喜悅人聽從祂的話呢？聽命勝於獻祭。」（撒母耳記上15：22）。

耶穌在登山寶訓裡所說的，實際上就是撒母耳對掃羅說的。是的，神要我們從事宗教活動，但是祂在尋找順服的心，勝於其他。祂要我們把修補破裂的關係當作第一優先。

常常都能重新和好嗎？

我們在引言裡思考的第一句話，會讓我們對下面這節經文有所理解：「若是能行，總要盡力與眾人和睦。」如果你有一個破裂的人際關係，要確定你已經盡你所能，而且仍然在繼續盡你所能做的，來修補那個關係。不要輕易放棄，「多走一里路」，謙卑自己，主動求和，樂意嚥下驕傲，做任何你能做的，來重修舊好。

不過，請記住，重修舊好並不包括：

● 作人家踐踏的腳墊。

● 忍受任何形式的侮辱。

● 把基督徒的原則或誠正妥協了。

● 降低自己的行為標準。

　　我們不要為了和好而不計任何代價。我們要的是真正的重修舊好，從心理讓過去成為過去，彼此饒恕，重新建立一個新的、更好的基礎，讓彼此的關係能往前邁進。

處理破裂關係的後果

　　有時候我們可能勉強言歸於好，但是因為先前的創傷已經太深了，兩人之間的關係並沒有完全恢復到從前的樣子。任何選擇及行動都會產生後果，說出去的話是沒有辦法收回的，所產生的心緒也無法很快的被遺忘，因此我們必須處理創傷的餘波。

　　我必須鼓勵你思考一下，耶穌是如何處理那些讓祂非常失望的親信。你知道，猶大出賣祂！彼得否認祂！多馬懷疑祂！當兵丁來捕捉祂的時候，門徒全遺棄祂，跑了！事實上，在祂整個事奉生涯中，門徒對祂欠缺信心及信賴的情形，都可一覽無遺。但是，耶穌對付彼得的方式，就是如何處理破裂的人際關係，一個很完美的例子。

　　他們吃完了早飯，耶穌對西門彼得說：「約翰的兒子西門，你愛我比這些更深麼？」彼得說：「主阿！是的。你知道我愛你。」耶穌對他說：「你餵養我的小羊。」耶穌第二次又對彼得說：「約翰的兒子西門，你愛我麼？」彼得說：「是的。你知道我愛你。」耶穌說：「你牧養我的羊。」第三次對他說：「約翰的兒子西門，你愛我麼？」彼得因為耶穌第三次對他說：「你愛我麼？」就憂愁，對耶穌說：「主阿！

你是無所不知的，你知道我愛你。」耶穌說：「你餵養我的羊。」（約翰福音21：15-17）

好好思想一下上面這一段對話。耶穌被送上審判台，釘在十字架上。記住發生在客西馬尼園的事。當時所有的門徒都跑了，只留下耶穌一人。耶穌被審問的時候，彼得甚至否認曾經認識祂。根據我們所知道的，耶穌被釘的時候彼得根本不在場。毫無疑問的，在那個時刻，他們之間的關係受到嚴重的損傷。我可以想像，彼得一定是非常懊悔、悲痛，納悶不知道耶穌有沒有可能再接納他為祂的摯友與門徒。

耶穌在那一刻，很可以合理的對彼得說下列的任何一句話：

- 「彼得！我實在很難啟口告訴你，在審判的嘲笑中，兵丁把荊棘冠冕加在我頭上，又鞭打我的時候，我聽見你居然三次否認我！你知道我有多痛苦嗎？」

- 「彼得！當我在客西馬尼園需要你在我身邊的時候，你竟然逃跑了！」

- 「彼得！我對你實在太失望了。因為你答應我，即使必須跟我一起死，你也絕不離開我。」

- 「彼得！我以為你愛我勝過其他人。但我想你沒有。看！你離棄我，又否認我！」

- 「彼得！你本來應該是我設立的磐石，是我可以常常信賴的。但，你卻是第一個否認我的。」

- 「彼得！如果你要成為我的門徒，就必須向我證明。彼得！這就需要時間了。你那樣對待我之後，總不能寄望自己就這樣若無其事！輕鬆順利地又回來吧！這樣未免

太便宜你了。」

耶穌有權對彼得說上述任何一句話，**但是耶穌要的是重修舊好**。他要幫助彼得超越他過去所犯的嚴重過錯，成為耶穌知道他可以蛻變成的人。所以上述那些話，祂一句也沒有說。畢竟彼得都知道！你可留意到，雖然是彼得先否認祂，而使他們之間的關係破裂，卻是耶穌「先」採取行動來重修舊好？

耶穌所關心的是，確保彼得為未來艱巨的挑戰做好準備，因為彼得將要使許多人相信耶穌「是」基督，他要開始建立教會。耶穌沒有讓自己受傷的心靈，受損的自尊或想報復的意願，掌握祂的心緒和行動。相反的，祂雙目定睛在更大的遠景，知道自己與彼得的關係能否完全復原，是整個事件的關鍵所在，因此祂要確保重修舊好。

我查考了耶穌對付彼得的方式，令我深受感動，也讓我看到自己常常沒有遵行祂所留下的榜樣。耶穌的處理方式展示了他異乎尋常的謙卑。你能想像彼得的否認，對耶穌的傷害有多嚴重嗎？我相信當猶大出賣祂的時候，祂的心碎了。不過猶大畢竟沒有彼得跟祂的關係來得親密。而彼得卻是那個一而再、再而三保證自己會對耶穌效忠的人。那個說大話的彼得，那個聲稱「我絕不會離棄你！」「我總不能不認你！」「我必須與你同死！」的彼得！但是他不僅沒有過關，而且失敗得很慘！他並不是自己所誇耀的那種人！

如果有人這樣對待我們，那全然屬人性的耶穌也會像我們一樣受傷害。然而祂沒有毫不留情的攻擊、譴責或指控、懲罰彼得。這是神絕對的愛何等的展示！

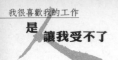

試著思考這件事：如果耶穌回過頭來，數落彼得所犯的全部過錯，不斷的述說祂對彼得有多失望，你想祂對彼得的影響，會比祂對彼得的錯失隻字不提，來得大嗎？我確信就是因為耶穌隻字不提，使彼得變得更謙卑。彼得畢竟對自己所作所為很清楚。他大概也以為耶穌會對付他，要他也嚐嚐滋味。但是，相反的，耶穌讓過去的成為過去，和彼得一起往前邁進。

所以，當你處理破裂的人際關係的餘波時，請記住！要盡你所能的，**讓苦毒過去；讓你們之間的關係，有機會再開花結果。**

結論

我要確知本章確實提供了平衡的觀點，沒有人會誤以為，不管要付任何代價，每個人際關係都必須去修補，並重新和好。那是不可能、不正確、也不健康的事。

你們中間必定有人在某些人際關係中忍受許多凌辱，至少在對方還沒有一個完全、清楚、長期性的改變之前，這些關係都需要被切斷。有些受嚴重損傷的人際關係，雖然做了某種修補，卻不可能完全復原。

一旦論及人際關係的修補，只要有任何可能性，我們仍舊必須願意「多走一里路」。 既然修補人際關係與否是我們的抉擇，那麼就讓我們跟隨主的教導及榜樣，來重修舊好。

個人成果審查

目前在職場，你是否跟某人有破裂的人際關係？如果是，你若已經採取行動正在修補，那麼你是採取哪些步驟或行動呢？

如果你還未採取任何行動，來修補這個破裂的人際關係，為什麼？

你願意採取哪些建設性的行動，先踏出一步來與人重新和好呢？

第十章

屬靈原則 10：誠正、統合而不妥協的共事

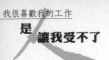

　　有幾個人傳講福音非常有力，令許多人折服，因而改變他們的信仰，歸附了耶穌。一些宗教領袖非常憂慮，深受這群傳道人的成功所威脅，擔心會失去自己的信徒。

　　結果，這些宗教領袖發出最後通牒，命令這幾個巡迴各地的傳道人，絕對不可以再奉耶穌的名傳講福音。但是，「彼得、約翰說：『聽從你們，不聽從神，這在神面前合理不合理，你們自己酌量吧！我們所看見所聽見的，不能不說。』」（使徒行傳4：19-20）

　　這些剛被耶穌改變生命的門徒，大膽、熱忱地傳講福音，毫無恐懼。他們被聖靈賦予能力，知道自己對耶穌的效忠，比對任何當局、權威的效忠（包括對當前宗教的合法權威在內）都來得重要。

　　與同仁（不管是同事或老闆）相處，面臨的挑戰之一是：如何在職場上，對行政管理當局的敬重，及在個人生活中，對其他關係的人負責任、守承諾之間，劃分界線。

　　耶穌自己應對法利賽人的例子，提供我們所需要的指導原則。法利賽人想陷害祂，就向祂提出一個問題，以為可以從祂自己所說的話中，出其不意地抓到祂的把柄，讓祂自投羅網，自食其果。

　　「夫子，我們知道你是誠實人，並且誠誠實實傳神的道。什麼人你都不徇情面，因為你不看人的外貌。請告訴我們，你的意見如何；納稅給該撒，可以不可以？」耶穌看出他們的惡意，就說：「……拿一個上稅的錢給我看。」

他們就拿一個銀錢來給祂。耶穌說：「這像和這號是誰的？」他們說：「是該撒的。」耶穌說：「這樣，該撒的物當歸給該撒，神的物當歸給神。」他們聽見就希奇，離開祂走了。（馬太福音22：16-22）

法利賽人費盡心思，想抓住耶穌話語的把柄。耶穌一直在宣講，神不會重看這個輕看那個，也不會為他們虛偽、不實的敬虔外貌所動。如果他們能逮到祂說出「該撒不重要，不需要對他效忠」這句話，那麼耶穌就會觸犯律法，惹禍上身，而被逮捕。

但是耶穌太聰明了，他們的詭計難不倒祂。祂的回答為我們留下一項非常重要的屬靈原則：「該撒的物當歸給該撒，神的物當歸給神」。我們對耶穌基督的效忠，並不減輕我們對他人（甚至那些對神不敬虔的人在內）該擔當的責任。我們要做好公民、好雇員，把主管當得的物歸給主管。

把雇主當得的物歸給雇主

如果把雇主看為自己生活中的該撒，身為雇員，我們的行為和職責就有一個很好的指引了。讓我們看看基督徒雇員虧欠雇主（不管雇主是不是基督徒）原本當得的物是什麼。

勤勞工作

一個基督徒雇員，應該照所領的薪資，為雇主忠實的做一天的工。如果你同意領取某種薪水的話，那麼你就該好好的做這份

工作，把雇主該得的歸還給雇主。

令人驚訝的是，肯盡心為雇主工作的人太少了。如果你已經在勞動界多年，一定看到多數人大概三個小時只做一個小時的工。他們把大半的工作時間花在打電話、與同事閒聊、處理私事上，或盡量拖延時間，並不勤勞的工作。

當我為一個顧客做員工訓練計畫時，我先著手的工作之一，通常是先瞭解他們的工作問題及人事。所以我會花不少的時間跟雇員們聊。我不斷的聽到他們抱怨工作量太多、雇主太苛求。最後我問一個雇員：「你真的認為公司要求你做超過一天八小時，誠誠實實所能完成的工嗎？」他很坦率的回答說：「一天八個鐘頭的班，我們多半只做四到五小時。但是現在他們要求我們做七小時！」

現在普遍的現象是，如果你要求雇員拿一天八小時的薪資就要做八小時的工，他們會覺得被冒犯了。這種心態似乎是，雇主應該以八小時的薪資付他們大概四小時的工作。再多，就是蠻橫、不講理的要求了。

要做到把雇主當得的份歸給他，基督徒就該盡職做滿全天的工，不佔雇主的便宜，不在工作時間及工作量上欺騙他。我們的工作習慣，應該跟那些想佔雇主便宜的人，有明顯的不同。我們的心態應該是：渴望把雇主當得的物歸給雇主，為我們所得的酬勞，勤奮工作。

保護雇主的資產

雇主的財物，是用來完成工作的目的，而不是用來滿足員工個人的福利。雇主提供你的那些鉛筆、便條紙、紙夾和檔案

夾，不應該跑到你家裡的書桌上，供你個人使用。同樣的，我們也需要留意，看管雇主的電話帳單。我們的開支帳應該清楚、誠實、公平，一絲不苟。

我們需要認清，取用雇主的財物是偷竊的行為。我很清楚這是一個普遍的現象，而且我們多半不認為那是偷竊。讓我再說一次，基督徒有一個比這世界更高一層的標準。如果我們把該撒的物歸給該撒，也會小心不偷竊雇主的財產，並會竭盡所能節省雇主的財物。

效忠

只要我們同意被雇用，從雇主領薪，就當尊重上司或公司，以忠誠相待。有一個相當普遍的現象，就是雇員不斷說，對雇主或上司不利的話。但是基督徒不應該背後中傷上司，或對外人數落自己的公司。這應該是基督徒雇員與眾不同的地方。

值得注意的是，不可加入辦公室裡對人，尤其是對上司或雇主的閒言閒語、或「人格謀殺」。如果你發現自己無法對雇主如此尊重和效忠，就應該離職，另謀高就。為某個人工作，同時又不斷的毀謗、抱怨，或發牢騷，是錯誤的行為。

在工作上把屬神的物歸給神

這個原則的另一半是，把神的物歸給神。有時候我們很輕易的就把神的物歸給了該撒，在這個過程中，也把自己的誠正、統合的原則給妥協了。

誠實

神要我們有一個廉正、統合、誠實的生命，因此所謂的「善意的謊言」根本不存在。替你的雇主撒謊，是把神的物歸給了該撒。雇主沒有權力要求雇員，以任何方法為他或公司說謊或欺騙。

你或許想，「但是上司叫我替他撒謊。我該怎麼辦？」如果你不撒謊就能夠避免對質的話，我建議你照著做。舉個例子，上司在，不必說：「他不在。」而是說：「抱歉，他現在不方便。」這是事實。那麼說謊的問題就根本不存在。

然而，如果你的上司很明白的叫你替他撒謊，那就是你該表明立場的時候了，不可將不屬於上司的物歸給他。如果上司把這事變為爭論點，你可以簡單的說：「實在很抱歉，我不會為自己撒謊，也不願意為你撒謊。不過，我可以用另一個可接受的方式來處理。」另一個可以考慮的應答是，「如果我會替你撒謊，你怎麼能夠再信任我，不會對你撒謊呢？」

如果你的雇主叫你虛構報表或竄改統計資料，把報告做得好看一點，要知道這是另一個基督徒不可以把屬神的物歸給該撒之處。若順服雇主就得違抗基督徒的原則，那麼我們該採取的行動很清楚：順服神，不順服人。也許我們會因此丟了差事或失去晉升的機會，或失寵。要知道，活出真門徒的身分是有代價的。但是，對什麼才是該作的問題，你應該無可置疑。

高尚的活動

下班後的社交或與顧客的來往，是職場生活型態的一部分，但是那些社交方式卻往往不屬神。有些雇主期待雇員參與

下班後有損名譽的消遣活動，這是常有的現象。那些在公司居領導地位的人，多半就是參與這種活動的人。如果工作需要你經常參與猥褻的交談或行為的社交場合，你就得做選擇了：你是否要把屬神的物歸給該撒？

沒有任何雇主有權要求你，為了保全工作，你必須妥協，進出這種場合。那就不是雇主合法的權益。

在精力及時間上，保持適當的平衡

如果我們必須經常為雇主一天工作12個小時，再加上週末，我們大概是把屬神的物都歸給了該撒。誠實做一天的工是沒錯，如果為了升遷或討上司的歡心，而超時過量的付出，結果沒有多餘的時間留給家人、教會、甚至自己，我們的靈命就會進入危險的領域裡了。

處理這個問題很棘手。問題是，如果別人長時間工作而我們沒有，自己總會覺得內疚。我們會擔心自己週日不去工作，別人會怎麼想。再者，你可能要為這個決定付出很高的代價。有些雇主期待你為工作或升遷，把每一分鐘、每一點精力都花在工作上。但是別讓這世界虛妄的卓越標準所矇騙。我們虧欠神一個時間上運用平衡的生活方式。**如果你把神擺第一，祂會持守，祂給我們的應許。**

最近一個身居主管級職位的年輕人，想知道該如何處理一件工作上相當棘手的處境，就打電話詢問我的意見。他發現自己處在一個充滿衝突、玩弄手腕、政治氣氛濃厚的環境裡。他說：「你知道嗎？這個工作讓我心疲力竭、耗盡心力，連做自己想做的時間都沒有。」他還說，他一向參與教會的關懷事工，但是現

在既沒有時間，也沒有精力去服事了。

他這麼一說，我就看見許多紅旗在飄揚，警告燈也亮了！我問他是否把神的物給了該撒。警告旗幟是很明顯了，他被工作壓垮，不僅內心產生極大的掙扎，連服事的時間及精力也都被奪走了。

當那份工作頗具聲望，薪酬又高的時候，我們就不願意承認，在生命中那項工作並非不可或缺。我提醒這個年輕人，「那只不過是一份工作而已！」換句話說，離了工作你仍然擁有生命。你不是非要那份工作不可。

我想，對他來說這是個嶄新的概念。他經過千辛萬苦才爬到目前的地位，可以想見他對自己的成就有多自豪！但是現在，他所渴慕的工作，成了他生命中很大的負擔，帶來許多個人生活的問題。這該是他好好自我檢討的時候了，看看自己是否把該歸給神的物都給了那份工作。

不要忘記，有一天我們要站在神面前，把一生所作所為都一一交帳。你曾不曾想過，如果你沒有把公司當得的份歸給公司，要怎麼交帳？如果你把本來屬神的物給了你的上司或事業，以致於妥協了自己生活的標準及原則，又要怎麼交帳？當我們持有永恆的觀點，以神的眼光來看事物時，結果一定會全然改觀。

人際關係的先後次序

就生活中人際關係的優先次序而言，「該撒原則」也是我

們的指南。每個人都有多重的人際關係，而這些關係對我們在時間上的運用及職責如何，都有不同的要求。如果混淆了自己究竟該向誰效忠、負責，我們很可能會作出一個很不智的抉擇，在人際關係上製造許多傷害。

當我們說到人際關係的責任和義務時，如果不瞭解神對我們的要求，會很容易被周遭的文化所矇騙和支配，把人際關係的抉擇建立在錯覺上，而不是在神的真理上。基本上，我們可以把生活中的人際關係大致分成兩類，我稱它們為契約關係及結構關係。這樣的劃分能幫助我們以神的眼光來看人際關係，這樣才能作比較明智的選擇。

契約關係

這是一個杜撰的術語，雖然不是聖經的術語，但是根據屬靈原則。聖經說到許多契約關係，我們也知道神對契約非常慎重。聖經上記載的第一個契約是神跟挪亞所立的約。

創世記第九章對這個約有很詳盡的解說。你會注意到這個約包含神對挪亞及他的子孫明確的應許，也包含神對他們的具體要求，這就是契約的條件。

創世記第十五章記述神跟亞伯蘭（後改名亞伯拉罕）立的約。那是一個無條件的契約：神把應許之地賜給亞伯蘭的子孫。撒母耳記下第七章，神跟大衛立約（這是所謂的大衛之約），這約應許大衛的王位直到永遠。舊約中還有許多有關神與祂的子民立約的例子。

新約聖經說到耶穌基督帶來神跟祂的子民所立的新約。希伯來書7：22說：「耶穌就作了更美之約的中保。」這個約比舊的

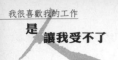

約優越，它應允我們跟神永遠的生命。因此所有從神而生的人，現在是活在新約中，這約是通過耶穌基督的死及復活，為我們奠定下來的約。

那麼，我們看到契約是兩個以上的人共同訂定的協議，也就是雙方依據契約明文規定，做或不做某些事。今天寫婚前協議書已經很普遍了，但是它們的作用，只不過是為了保護個人及個人所擁有的資產，並沒有訂立人際關係上的職責及承諾，所以不算是契約。

但是，根據我們的認知，從神在人際關係上所認定的先後次序看來，我們曉得自己跟某些人有這種契約關係。這些關係多半是與自己最親近或重要的人所形成的關係。那麼我們之間就有一個包含應許及承諾的共識契約。

契約關係是什麼？我想最好的定義是包容各種人際關係的定義：

契約關係是：在這關係中，沒有任何人可以適當的、確切的取代你的身分。你的貢獻是重要、獨特、不可或缺的。

舉例來說，除了你，沒有任何人有資格作你孩子的爹娘，也沒有人可以完全取代你在你父母生命中的地位。如果你是結了婚的，就跟伴侶有契約關係，而且要在婚禮上交換誓約。

所以，我不能對我的兩個兄弟說：「我作妹妹做累了，找個人取代吧！」因為沒有人可以作我兄弟的妹妹，那是一個很特殊的契約關係。更沒有人能取代我，作我女兒的媽媽。

　　我知道現在有許多情況，由「代理媽媽」取代了沒有契約關係的地位，如養父母、繼父母等等。當契約關係不存在或破裂的時候，神常常預備像這一類的人來幫助我們。你應該聽人說過「對我來說，他就像是我媽」或「他就像是我兒子」。在這破碎的世界裡，能找到替代者實在太好了，這些關係也確實富有契約的特色。

　　聖經確認不少這類的契約關係。第五誡說：「當孝敬父母，使你的日子在耶和華你神所賜你的地上，得以長久。」（出埃及記20：12）顯然，父母和子女之間的關係是契約關係。使徒保羅在以弗所書5：22-33中，就夫妻之間的責任問題，很清楚的教導我們，夫妻關係是契約關係。

　　契約關係很少以法定合同書來劃定。它通常是一輩子的關係，或至少持續很久。不管是成文或不成文，契約關係顯然不是那種可有可無的關係；而是一種附帶承諾與責任的關係。

　　除了那些有契約關係的家人之外，我相信我們跟一些親密深交的摯友也有契約關係。沒錯！我不是他們唯一的朋友，但是就這麼幾個人，我們之間的友誼又深、又持久，已經不能夠被別人取代了。我相信他們也會同意，因為我們共享這個契約，我就覺得像我對家人一樣，也需要向他們付出忠誠及責任。

　　在你的生命中有哪些關係跟契約關係符合？把它們寫下來，可能的話再依它們在你生命中的先後次序排列，相信會有幫助。**無疑的，有一些關係會是同樣重要。但，不要以你「最愛的」次序排列，而要以你「最重要的」責任及承諾來編排先後次序。**

　　如果要你把跟這些人的契約合同老老實實寫下來的話，你能不能描述在這些契約中的職責及界線？要從聖經教導我們在契約

關係中的職責開始。這類教導相當多。

你大概也會看出，在某些特殊的關係中，有成套獨特的承諾及責任。舉例來說，母親跟幼兒之間的契約關係，如果寫下來的話大概會是這樣：

孩子，我跟你立約，即使在你很壞的時候，我還是一定會愛你。為了照顧你，我會餵你、養你，供你吃、穿；保證你有個溫暖、安全的住處。我立約向你承諾，要保護你，免受傷害；扶養你成長，作一個虔誠敬畏神的成年人；指導你作選擇；教導你神的話；做錯的時候糾正你；叛逆的時候懲罰你；盡一切所能的養育你、幫助你擁有敬虔、誠正的生命。

顯然的，當孩子成長的時候，這份契約也要隨著他的年齡修正，不過裡面的承諾，孩子終生受用。

當你把契約關係的承諾寫下來的時候，那些字句看來會很奇怪、陌生，但我仍然要鼓勵你嘗試一下。你可以寫得很詳盡，也可以很簡單，但是寫下來會穩固你的心智，使你對自己生命中人際關係的先後次序看得清楚。

有些關係，你若與對方分享，可能很有助益。試想，如果你寫下對孩子的承諾，他會作何感想。對一個夠大，能理解你話語的孩子來說，這個書面契約，會產生一個很有意義的凝聚力跟保障。

你的配偶呢？如果你給他一份寫好的契約書，他會作何感想？說不定會醫治一些舊傷痕，打開你們之間的溝通管道，或

者帶給你的配偶，超乎尋常的安慰和喜樂。

為了幫助我們瞭解自己在契約關係中的職責，下面這個習題幫助我們決定生命中哪些關係應佔優先。

維護一個堅固的契約關係。想一想你生命中珍貴的契約關係，包括你跟配偶、孩子、父母、手足、或某些遠房親戚等的親密關係，亦或友誼已經發展為契約關係的友人。今天你能作什麼，讓那些跟你有契約關係的人，知道你對他的感受如何？下面是一些建議：

● 告訴他，你多高興，因為神把他擺在你生命中。比方，出其不意地告訴孩子，你有多高興神把他給了你。小孩子特別喜歡聽他出生那天的狀況，以及他加入陣容時你們有多興奮。

● 對他重申你的承諾。這樣做可能會嚇著了你的配偶。不過，讓他聽到你第一次所做的承諾，至今對你的重要性仍然不減當年，不是很好嗎？結婚週年紀念日，再一次重申你對婚姻的承諾，絕對是明智的。

● 為一個契約關係寫下你的感言。不管對方人在哪裡，把你的感激之情寫下來，是很有意義的事。對父母親多年對你的付出，你曾否以書信的方式表達感激之情？我保證，他們會珍惜那封信。

● 對一個跟你有契約關係的人，作一件特殊的、他始料未及的事，再告訴他「只因為我愛你」。

契約關係應該在你生命中佔最優先的地位。求神幫助你懂得

珍惜生命中的契約關係。

結構關係

結構關係的定義和契約關係正好相反。在這個關係裡,即使那人對你來說很重要,他仍然可以被他人取代。許多人際關係屬於這類。並不是說這類關係不重要,而是說這類關係不是獨一無二的。

今天我們的社會在業務場合上,多半以不同的方式使用合約,來組成人際關係。許多成文合約書把工作職責詳加說明;不成文合約則因任務和職責已經被公認而省略了。

打個比方,當你接受一項工作時,也許沒有一份成文合約,也許連書面的工作職責都沒有。但是你已經有一個公認的合同,就是你得準時上班;誠實做你同意去做的工作和指派給你的工作;對上司表示忠誠及敬重等等。你的上司對你也有共識的責任:如按時依照承諾付你工資和其他津貼;尊重你;考慮你的立場及福利等等。多半的結構性關係是不成文的。有關我們對結構性人際關係該負的責任當如何處理,聖經也有指示。其中有些部分我們已經提過了。

或許我們對結構性的人際關係也有當盡的義務,但是它們絕不能像契約關係一樣,在我們生命中佔同樣的地位。如果你把這兩種關係在我們生命中的優先次序倒過來,就會造成許多的傷害及壓力。

工作當然是你生命中很重要的部分,但是你知道嗎?如果明天你走了,沒有你,他們仍然能繼續生存。教會是生命中不可或缺的一部分,但是當你必須轉到另一個教會,或教會中另

一個職位時，總會有人過來補上你的缺。

結構關係當然重要，而且多半相當重要。有些持續很久，有些時間短暫，有些非常珍貴，另有些很令人傷痛。然而它們不是你生命中最優先的關係，因為它們不是契約關係。

誠然，有些契約關係會比其他契約關係具有更高的優先地位。畢竟不可能每一個關係都是最重要的，而且任何一個契約關係所具有的優先地位都是相對的。因此它的地位會隨著時間及情況而改變。

要點是：**當我們從契約及結構的角度去看人際關係時，就能很快的看出優先次序應該怎麼排列。**

早期我在IBM就職的時候，公司要給我一個升遷的機會，但是需要常常出差。當時我的女兒還住在家裡，仍在就學，很顯然地，外務出差會讓我經常離開她。但是我選擇了升遷，因為我看重它所帶給我的優薪及他人的認可。

結果，我離開女兒的時間實在太多、太長了。雖然每次都會事先安排，確保她能得到照顧，但是我誠然把神的物歸給了該撒，把結構關係擺在契約關係之前。那是個錯誤。

我們確實需要在理智上很具體的認清，我們是跟誰有契約關係。每當作抉擇的時候，要牢記這一點。許多人際關係產生紕漏，是因為我們持續不斷的把結構關係，擺在契約關係之前。這樣就算契約關係未完全崩潰，我們所為也幾乎保證它會惡化。

父母沒有將他們當作第一優先的孩子，常常受到各種情緒問題的折磨，因為他們直覺意識到，這個最重要的人際關係有些不對勁。他們出生就有受父母關愛的需要，有得到愛所帶來的那份安全感的需要。當他們察覺到自己的安樂與否，不是父母所最關

心的，那種痛苦跟破壞性，會影響他們的一生。

　　不過我們要避免有狂妄的想法，以為一旦我們在契約關係中沒有做到該做的，就要為那人一生的不幸負責。沒錯，我們一生中的每個人際關係裡，都會在某個時刻，因為某個原因而失敗。就是因為如此，我們需要學習如何與人重修和好，也要學習如何修補人生中破裂的人際關係。罪把毀滅帶入世界，帶入所有的人際關係中。

　　舉例來說，單親父母常常會認為，要是孩子出了問題，就是因為離婚而導致的。可是你知道嗎？在最好的環境中生長的孩子，還是會出問題。說實話，我們不可以讓自己以為，自己所犯的任何過失都是致命的。神是熟練的高手，祂能把我們的失敗倒轉過來。在契約關係失誤的地方填補欠缺，祂更是奇妙的能手。

個人成果審查

把你的紙筆再拿出來，回答下列問題。

●想得起來什麼時候，你曾經把屬神的物歸給了該撒？請詳述。

●記不記得什麼時候，你沒有把理當屬該撒的物歸給該撒？

再把你生命中的契約關係列出一張清單來。從其中選出一項，把契約寫下來，詳細說明你對那人的承諾及職責。（「我

與＿＿＿＿＿立約。」）如果你需要知道如何著手，請查看本章前面所記載的例子。寫完之後，自己斟酌，是否要與你有契約關係的人分享。

這幾天你能做什麼，好再次確認你所有的契約關係，及它們在你生命中的優先次序。（舉例，告訴對方，你多高興神把他放在你生命中；或寫張紙條，表達你對這個契約關係的感受；或做一件出乎對方意料的事，算是給對方一個難得的「禮遇」。）把你的行動計畫寫下來。

「把該撒的物歸給該撒」這一點上，你認為在哪一方面你需要改進？把它列下來。要參考的話，請翻到本章「把雇主當得的物歸給雇主」那幾段。

第十一章

跟難以相處的人共事

是X讓我受不了

　　為了實現某一個特定目標，有十二個人被挑選來組成團隊，一起共事。挑選的過程是由他們的經理來決定，而「祂」是不會犯錯的，因此他們都是可以勝任這項任務的恰當人選。這項任務，跟歷史上其他任何任務大不相同。一旦他們出去傳講耶穌基督的福音，這十二個人（減掉一個）就改變了人類的歷史。

　　也許有人會這麼想，三年多的時間，日夜與耶穌在一起生活、事奉，他們的團隊精神應該非常積極且富建設性，他們之間的相處也應該沒有問題。但是根據聖經多處的顯示，實際上他們彼此間爭執、抱怨、共謀，懷恨。他們經常無法勝任被差派的工作，經常失敗、彼此誤解、甚至貪婪。然而他們繼續一起共事，終於成為神始終確信他們可以蛻變成的人，成為主耶穌基督有力的見證人。

　　我們一天要花8小時跟那些，如果我們能選擇的話，大概連花三小時都不願意相處的人共事。但是，我們卻處在一起！即使是基督徒，我們仍然無法免於人際關係中的煩躁、惱怒和公開的衝突。

　　過去多年，我受邀周遊全國各地，舉辦商業研討會。每當我詢問與會者，工作上哪一方面讓他們最頭痛時，我從各形各色的人所得到的答覆是一致的。幾乎每一個人寫在單子最上方的是「與我共事的人」、「幾乎要讓我發瘋的同事」或者「苛求的顧客！」

　　如何處理工作上人際關係的困難，是基督徒在職場所面對的關鍵問題。因為這問題，比精神壓力或工作成果，更讓人覺得危難當頭。但這些衝突卻給我們機會證實基督的能力；證實

祂與我們同在，確實會使我們在每天的生活上有異乎尋常的表現。當我們開始將聖經付諸實踐，而找到這些衝突的解答時，我們就會活出一個令人無法低估，不能不刮目相看的見證，因為多數人，對人與人相處的艱難，從來找不到答案。

我也必須指出，許多非基督徒是勤奮的好雇員，他們工作優越，讓人樂意接近、共事。我們不是說，非基督徒同事都難以相處。這種說法不正確。不幸的是，基督徒都很好相處的說法，也一樣不正確。

但是身為基督徒，我們有非基督徒同仁所沒有的能力。我們的動機是要討耶穌的喜悅，順從祂的原則。而我們的能力是來自那進駐我們裡面的聖靈。祂給我們能力去做那沒有祂就不可能辦到的事。如果我們願意走神的路，讓聖靈掌管我們，我們就比非基督徒同仁更佔優勢。

然而，我們不能因此心懷傲慢。正相反！既然已經領悟我們是因神的恩典，才擁有這種優勢，就應該謙卑，對他人心存同情。因為我們瞭解，對那些沒有聖靈的權能幫助的人來說，要謙卑會是何等的難事。

採用屬靈原則會帶領我們走一條，跟絕大多數非基督徒同仁截然不同的道路，所需的僕人心態，也只有藉著神在我們生命中的力量才會產生。至於我們如何與難以相處的人相處、共事，我們必須心意堅定，採用神的方式，而非自己的防禦方式。

也許你會想，「什麼？基督徒就該作踏腳墊嗎？我才不來這一套呢！」其實這一套作法也不合我這個「自然人」的胃口。但是當我漸漸瞭解，如果我選擇跟隨耶穌，遵守祂的原則生活時，有時候我確實需要做那看來極端、超出常情的承諾與獻身。這的確與我的自然反應背道而馳。我發覺基督徒常常以世俗的理念，

個人的推理方式，把神的原則淡化或合理化。

懂我的意思吧？我們會想，沒錯！耶穌的確教導我們要「多走一里路」，要愛我們的仇敵等等，但是祂絕不是指這種情況；或想我們也知道耶穌在馬太福音第五章說的，但它並不適用於此。我們開始從聖經裡挑選，合我們心意的信條和看法。我們雖然譴責那些否認聖經所啟發的靈義，自己裁決要採信或不採信的人，然而我們自己也犯了同樣的錯，也會曲解經文來符合我們所愛好的理念或生活形態。

我發覺，即使我懂，也教導別人這個真理，我仍然常常為自己找理由，不去遵行屬靈原則。我可以教導屬靈原則的重要性，然後發覺自己卻沒有把所教導的，應用在自己的生活中。我得立刻制止自己，並責備自己說：「嘿！這裡指的就是你啊！」

請你了解，在這種人際關係上，神的原則所要求的，比你自己曾經做過的更多，甚至比你的雇主所要求的標準還要高。神的原則是格外的高，祂要求我們持守更正直的標準。好消息是，祂藉著住在我們裡面的聖靈，使我們得力，做祂要我們做的工。

因此，如果你準備走上「人煙稀少的路徑」，必定能經歷奇妙的事，得到令人咋舌的結果。就像耶穌說的，當你選擇失去你的生命，才會找到真正的生命。你若選擇用神的原則處理困難的人際關係，就會在那些關係中看見新的生命，在自己身上看見靈命的更新。

與難以相處的人共事

　　你應該知道聖經裡並沒有「與難以相處的人共事」這一章。不過，難以相處的同仁中，有五種是我們常常碰到的，而屬靈原則可以試用在每一種關係上。

懶散的同事

　　在我們碰到的同事中，比較難相處的同事是那些懶散，不把精力放在工作上的人。這種人把大半的時間花在無聊的閒話，或私人電話上；這種人多半不在辦公桌，或是去喝不知道是第幾杯的咖啡。在工作上碰到這種人，人際關係會產生一些強烈的情緒反應。比如，想發怒，扯平，說閒話、讓挖苦的話脫口而出，或橫下心在工作上也懈怠下來，只做該做的事，不再做「拼命三郎」了。在這種情況下，你很容易變得苦毒、憤怒，你與這種人之間的牆很快就築起來了。

　　若想妥善應對懶散的人，我們必須先確定自己的心態是否正確。不管對方如何，神要我們為自己的行為向祂負責。對自己不當的行為，我們無法責怪他人。如果你尚未讓這種關係達到憎恨的地步，那麼首先，求神幫助你改變自己的心態。神在對方身上開始動工之前，這個步驟是必須的！

　　這種情況常常需要我們「以愛心說誠實話」。那麼，適當的時機大概是當：

- ●你知道，在這個同事真正改變之前，他不僅無法成為一個好雇員，還會繼續傷害你及他人。
- ●你知道，目前他若繼續這種錯誤的行為，就無法學習從事健全的工作。
- ●禱告之後，你在靈裡領受從神那裡來的許可，知道是你該

採取行動的時候了。

留意思考你的目的是，那個懶散的同事、其他的同仁、公司，或你自己。到底我們所關心的是誰，就是我們的動機是否純正的第一個提示。從下列情況，你就相當清楚自己的動機是否有所偏差：

● 你厭煩做他分內的工作，如果不儘早說，遲早會發飆。

● 這個懶同事佔你的便宜，還把你的業績也搶走了，對你來說這是非常不公平的事。

● 行政管理階層對這個懶人有完全錯誤的印象，你相信該是他們知道事實真相的時候了。

如果在這種情況下我們只想到自己，多半的可能性是出於我們的惱怒、挫折、自衛，或甚至自義，而非出自愛。如此，即使我們所做的有理，說的也真實，仍然達不到原有的善意。如何憑愛心說誠實話，在第七章論及建設性的對質中已經談到了。你要以他行為的惡果來與他對質。

採取行動之前，你要做的第一個決定是：你是否該對他說。有一部分是要取決於你的職權如何，他惡劣的工作習性對你的實質影響，還有每一個情況特有的其他問題。

你可以採用下面的方式來對付懶散的同事。留意每一個方式的長處和短處。

讓問題本身自動浮現。你只要把自己的工作做好，不要替他做他分內的事。自然而然地，他的懶散習性遲早會被主管發現。

最好是由主管來處理這個問題。

　　●優點：你不需要自己採取可能會激怒這個懶同事，令他對
　　　　　你發怒的任何行動。

　　●缺點：讓惡劣的行為繼續傷害他人（如顧客），使公司政
　　　　　策及與時限有關的問題更加嚴重。但是行政階層未
　　　　　必就會採取必要的行動。

把問題帶到上層管理階級。如果情況未加糾正，會傷害無辜的
人，也許你該決定將實情報告管理階層。

　　●優點：顧及顧客的利益，讓有職權、有能力的人介入。

　　●缺點：直接找行政管理階層會影響你跟這個懶同事，還有
　　　　　其他知道你「告密」的人之間的人際關係。（這些
　　　　　事遲早會被發現。）

每當你替他作他份內的事，都要記錄下來。當你決定對這情況對
質時，你就握有這個問題的證據。

　　●優點：這樣你手上握有因他而引起的問題的紀錄，這證據
　　　　　會比口頭或情緒性的說法來得有說服力。

　　●缺點：這種作法會被認為是可恥的、破壞性的。

再等一段時間。不抱怨也不講閒話，再「多走一里路」。

　　●優點：有時候神會要你等待，因為祂正在幕後做你看不見
　　　　　的事。如果你在靈裡有這個「看見」，就能信任神
　　　　　會成就你辦不到的事。

　　●缺點：這個可行性的唯一不利之處是，怨恨之心可能油然

而生，敗壞了自己的心態。

當你在考慮對付懶同事可採取的各種方案時，相信你會發現沒有任何方式是對的，或是錯的。該採取的行動，往往因人而異。這並不是說，你不能採取原則上看來不正確的行動。神也許就要你鼓起勇氣，去冒險。但是，如果你不是靠著神的全能，而是單憑自己的意志去做，很可能你會落得一身狼狽，有得你處理了！

面對每個情況要確實有充足的禱告時間，經常檢視自己的動機是否純正。你一定要保守自己，免於在內心孕育苦毒。與懶散的人共事，特別容易生出苦毒，但是你不能怪別人令你苦毒。因為阻止苦毒在我們內心生根，是你、我個人的責任。

高傲自大的同事

對於高傲自大的同事，我們可以做出下列的素描：
● 說話貶損人
● 不受教
● 自以為精通萬事
● 認為自己「行萬里路」、「讀萬卷書」、「無事不通」
● 言談中頻頻提到名人顯要，以自抬身價
● 肢體語言、臉部表情，常出現高傲、不屑、非難的表態
● 當別人是傻瓜

如果有人經常持高傲自大的心態，那就是一個警告的標誌，暗示你，在他令人生畏的外表下，隱藏著極大的侷促不安

與痛苦；表明他缺乏安全感，有被認同的需要，和被否認、拒絕的恐懼。

有時候神要你單單陪伴那人。不要被那人的行徑嚇著了。你只要淡然處之，然後憑愛心對他說誠實話。不過，你要等到神允准，才可以這麼做。

耶穌教導我們要愛我們的仇敵。這高傲、自大的同事，帶給你很多實踐這原則的機會。你不必喜歡他們，才能去愛他們。記住這一點，對你會有幫助。愛他們，意指：即使我們不認同，仍待以關懷和愛心。

跋扈的同事

你是否曾經與對名利、地位有「妄想症」的人共事過？即使沒有經理的身分，他們似乎仍然認為自己有權駕馭別人。

我記得有一個曾經為我工作的人，工作相當周密、認真。但是他有一個不可思議、不尋常的作法，他會去告訴同事，如果他們照他的方法做，那個部門就能運作得更順利。事實是，他工作的品質確實是比其他人優越，但是他過份逞強的態度，在部門裡製造許多敵意及憤怒，有時候連我這個作他主管的人，都覺得被他攻擊。我也很憤慨！

跋扈的人的確會把我們人性中最惡劣的一面，全抖出來。跟氣勢凌人、愛指揮別人的人共事或生活，特別令人覺得低下、卑微、渾身不自在、不對勁，很想叫他滾一邊去。你會想挖苦他，「什麼人封你作王啦？你算老幾？」

路加福音14：11裡耶穌敦促我們要謙卑：「因為凡自高的必降為卑，自卑的必昇為高。」在彼得前書5：6我們看見，當我們

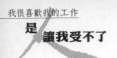

實踐這個原則時,有另一個應許要賜給我們:「所以你們要自卑,服在神大能的手下,到了時候,祂必叫你們升高。」

這些經文提供我們兩個非常清楚的應許,是當我們真正願意謙卑的時候所要賜給我們的:我們將被高舉;我們將被讚揚。可別漏掉彼得那句「到了時候」。那個時候,大概不是你所料想就是的時候,而是時機成熟的時候,是在你學到了謙卑的寶貴教訓之後。

這裡有幾個特定的方式,我們可以用來應對這樣的人,又能幫助我們更加謙卑:

- ●克制自己所作任何口頭上的應答。
- ●即使不是你必須做的事,也樂意照他所求的去做。
- ●以文靜、自制的態度回答。
- ●說明你並不需要聽從他的指示。
- ●當他對著你吼叫或命令的時候,向他微笑,然後不必理會他的指示。
- ●不可加入任何對這個同事的人格謀殺。

跟跋扈的同事一起共事,要閉口不回嘴已經是夠卑賤、夠沒面子的事了,還要聽他的指示,放他一馬?然而,有時候我們確實應該如此。神的心意,是要在我們生命裡塑造基督的樣式。有時候祂用不公平、令人不舒服的處境,來達成這個目的。

現在先別誤解我。我並不是說要老是接受這種人的指示。如果對質是必要的話,就要好好的審查我們的動機,確信對質的首要目的是為了那人的利益,不是只想發洩我們的挫折感。

　　當然，有些時候你需要向這種人對質。不過在你採取任何行動之前，先求問神，祂是否要通過你跟這個跋扈同事之間的關係，讓你學習謙卑。

消極的同事

　　我確信每個人都曾經跟慣常消極的人共事過。你可曾留意，消極的人把積極的人轉變為消極，比積極的人把消極的人改變為積極，更容易成功？只要有一個消極又愛抱怨的人，就可以使整個職場的氣氛變得消沉。我猜，走下坡總比走上坡輕省多了。

　　有一個項究報告說，如果我們有一個積極的經驗，會告訴三個人，若是有消極的經歷，卻會對十一個人說。我們似乎都被消極的事吸引了，對它特別關注。所以我們的報紙、電視、廣播都著重不健全的消息，而非與人有益的報導。我們獲得的壞消息比好消息，多太多了！

　　當我們決定做一個積極的人，不讓消極的人把我們拖下去時，就要逆勢操作。　這是行得通的，耶穌的門徒應該這樣做。我們畢竟需要對事物懷抱積極的心態。何況，只需要在這消極的世界裡持守積極的心態，我們就可以在職場上見證神。

　　如何才能不讓周遭的消極人士把你拖下水呢？下面的作法幫助我保持積極的心態：

- ●把我應該感激的事項大聲唸出，並記住在我生命中每一天發生的美事。
- ●不讓瑣事煩擾我。只要它在二十四小時內起不了作用，沒有什麼影響，那便是小事，我就嘗試讓它過去。我發覺很多讓我消極的事，到第二天根本就煙消雲散了。

●唱一些旋律美的讚美詩歌自娛。儘量以好的、健康的
　事，填滿我終日的心思意念。

●記住我已經曉得故事的結尾：耶穌贏了！因為祂的恩
　典，我有與祂同住的永生。如果我能每一天持守永恆的
　盼望，作一個積極的人，就不會是難事了。

●每當消極的同事說一些破壞性的話，我就談一些積極、
　建設性的事。那麼，或許他會感染上我的積極，而不是
　我感染上他的消極！

●不要花多過神要求我花的時間，去與消極的人相處！不
　要每天跟消極的同事共進午餐。讓自己處在積極的人當
　中，讓積極的思緒進入腦海裡，就能幫助你保持積極。

　　當你與消極的人交往時，你會發覺要愛這種人很不容易，
因為他們的行徑很難引起別人同情。相反的，更可能令人敵
視、厭惡、生氣。如果你想採用聖經的方法來對付，你得祈求
樂意「多走一里路」，擁有仁慈待他的心及能力。

　　事實上，對消極的人說幾句仁慈的話，也許就是把他從消
極帶入積極的生活模式的關鍵所在。不要低估自己「用語」的
力量，小心選擇具有恩慈、建設性的字句作應答。它們不僅能
在難以相處的人身上產生好的作用，還能使你的心智與消極的
思緒絕緣，使自己不至於屈服而變得消極。

　　還有，別忘記所羅門教導的：「你不要說話給愚昧人聽，
因他必藐視你智慧的言語。」（箴言23：9）有些人打定主意委身
作消極的人，再沒有任何事物能把他們從那個位置挪走。想改
變他們是沒有用的，他們還會藐視、奚落你。一個完全消極，

拒絕轉變的人實在相當愚蠢。他們把數不清的悲苦堆積在自己和別人的身上。這種愚蠢的人會被你的積極所激怒，你說的任何一句話都會被他嗤之以鼻。

不友善、懷敵意的同事

不幸的是，這世界上就是有存心做惡的人，這種人有時候就出現在我們的職場上。 這類蓄意懷恨，行事惡毒的人，會公開製造問題及傷害。

耶穌來是要帶給這世界真光。祂說祂的門徒，就是這世界的光（馬太福音書5：14）。我們要成為持光者，把這真光照在黑暗的世界裡。那是極高的榮幸，但是也附帶「不利」的代價。

> 這就是判決：光來到這世間，世人因自己的行為是惡的，不愛光倒愛黑暗，定他們的罪就是在此。凡作惡的便恨光，並不來就光，恐怕他的行為受責備。（約翰福音3：19-20）

> 世人若恨你們，你們知道恨你們以先，已經恨我了。你們若屬世界，世界必愛屬自己的，只因你們不屬世界；乃是我從世界中揀選了你們，所以世界就恨你們。（約翰福音15：18-19）

耶穌清楚的警告，當我們作祂的信徒，帶著祂的光進入這黑暗的世界時，有一些人際關係的問題就會發生在我們身上。當我們發覺基督徒的光，引起某個同事的敵對反應時，不應該感到驚訝。記住耶穌在約翰福音書第三章對我們說的話：產生這種不快反應的理由，是他們恐懼自己的惡行要被曝光。那個同事很清楚，你耀眼的光會暴露他的惡行，因此他要反擊，敵對你、消滅

你。為了對付你的光，他會嘗試毀謗你的名譽，取笑你，忽視你，又編造謊言，令你尷尬 — 你懂了吧，或許你已經嚐過這種遭遇，那可是很不愉快的經歷。

但是，有好信息了！是記載在彼得前書2：19-21：

倘若人為叫良心對得住神，就忍受冤屈的苦楚，這是可喜愛的。你們若因犯罪受責打，能忍耐，有什麼可誇的呢？但你們若因行善受苦，能忍耐，這在神看是可喜愛的。你們蒙召原是為此；因為基督也為你們受過苦，給你們留下榜樣，叫你們跟隨祂的腳蹤行。

數年前當我在背這段經文時，它的真意開始排山倒海般的衝擊我。我們被呼召去受冤枉的苦楚？你一定是在開玩笑吧！我記得當時在想，「主！我絕對不認為我有可能真心樂意去如此行。」

唯一能幫助我們接受冤屈的方法是，不斷的提醒自己，當我們願意這樣做的時候，就有機會與基督一同受苦，學習跟隨祂的腳步。

試想：當你處在困境中的時候，你對那些在你之前也有過同樣經歷的人，會覺得特別親近，因為那人知道你的感受。當我們有機會嚐嚐，當年耶穌為我們所承擔的苦難時，我們就更深一層了解祂。結果會為我們帶來祂復活的無比能力。

耶穌說了下面一段相當具革命性的話：

人若因我辱罵你們，逼迫你們，捏造各樣壞話毀謗你們，你們就有福了。應當歡喜快樂；因為你們在天上的賞賜是

大的；在你們以前的先知，人也是這樣逼迫他們。（馬太福音
5：11-12）

如果你因為堅守基督徒的立場，或活出基督徒的生活方式而
在職場上吃了苦頭，要把它當作一種恭維。不要生氣、內疚、或
想報復；應該高興、喜樂！哇！那對我們是多大的慰藉，它拿走
了我們受苦的重擔和疼痛。

不過，千萬別把它當作自己蹩腳行為的藉口。我曾經認為因
為我是基督徒，才被人釘住。其實是我自己的行為沒有基督的樣
式。所以，若因為自己的行為不當而引起別人惡待我們，那是一
回事；若因為我們是黑暗世界的光而受逼迫，那又是另一回事。
我們應該內心滿有喜樂，知道自己配得為耶穌受苦，我們的生命
確實在別人身上起了作用。

同時也要記住，那些排斥基督徒的見證或生活形態的人，也
有可能是最接近天國的人。他們受夠多的困擾，以致於顯露內心
的反應。你或許要加倍為這些人代禱。誰知道神會在他們內心成
就什麼？

結論

我記得，當門徒在彼此的相處上產生問題時，耶穌所說的
話。雅各和約翰（還有他們的母親）想用手段贏得耶穌的偏愛，
當其他門徒知道了，他們很氣憤。耶穌看出他們的衝突，坐下來
對他們解說：「若有人願意作首先的，他必作眾人末後的，作眾

人的用人。」（馬可福音9：35下）

　　奴僕的心就是我們剛才說的總和。它跟我們的天性與直覺背道而馳。但是我們要向老我死，向基督活。有時候要這樣做很困難，因為隨心所欲總是容易多了。然而我們的收穫卻是永恆的。

個人成果的審查

回答下面的問題：

● 目前在職場上你必須共事的同仁中，誰最難相處？

● 他的哪些特性令你難以與他共事？（本章論及的幾種類別裡，你可以找到符合的描述，或者加上其他的項目。）

● 對這人，通常你的反應是什麼？（憎恨、氣憤、想報復、失去好好工作的意願，或其他？）

● 為了要向這人活出基督徒的樣式，你願意採取什麼行動？（為這人或心意的轉變禱告；謙卑自己，不回嘴；不以嘲笑的口吻說話，而以仁慈應答；停止對這人再說閒話；為了他的利益，以愛心對質；或其他方式。）

第十二章

與難以相處的老闆共事

有一個聰明絕頂、大有可為的青年，在一個既苛求又獨裁的老闆手下工作。他的工作既不是他選的，也不是他要的；那個老闆也不是他所屬意的；而且工作的環境對他所持守的信仰並不友善。然而，就在這種情況中，他居然是一個傑出的雇員，老闆竟然找不到可以跟他匹敵的人。結果他被提升到顯赫的地位。

他是但以理。談到與難相處的老闆共事，你大概再也找不到一個比他更好的角色模式了。但以理被迫成為尼布甲尼撒王的奴隸。雖然他拒絕對異教的假神下跪，但是他的坦率與勤勞卻被王器重、賞識。他對以色列真神的效忠，沒有絲毫妥協，而仍然盡職，以誠正、卓越的精神，處理王的業務。至終，他影響了這個難以相處的老闆。

多數人也有自己得向上呈報的屬世老闆。我個人的事業生涯裡就有好幾個。其中一些我有很美好的記憶，但是有一、兩個，每每想起，仍然令我不寒而慄。

行政管理的關係，對我們是一項特殊的挑戰，因為管理部門有權，可以影響我們的事業、收入及工作本身。換句話說，行政管理可以影響我們生活中許多重要的層面。然而，我們接觸及影響管理階層的可能性卻很有限。當我剛進入職場任職時，有個朋友告訴我，附和上級是我們的責任，上級卻沒有義務來遷就我們！

我們應該盡力改善、促進我們跟上級階層的關係，承認他們可以左右我們的生活，這樣才有意義。敵對或疏遠那些擁有這種權力或在我們之上的人是不智的。這就是我們在職場上碰到的、最困難的人際關係。

一開始，讓我們對跟這個關係有關的屬靈原則，有明確的概念。相信不？聖經有許多如何與老闆相處的指示。

心態的重要性

我們要思考的第一個屬靈原則是，有關我們對掌權的人該持有的心態。羅馬書13：1-2對權柄一事，有很清楚的教導：

> 在上有權柄的，人人當順服他，因為沒有權柄不是出於神的。凡掌權的都是神所命令的。所以抗拒掌權的，就是抗拒神的命，抗拒的必自取刑罰。

神設立權柄作為宇宙規律的一部分。如果沒有權柄的原則，我們就會生存在一片混亂之中，企業界更是如此。權柄是必要、不可或缺的，經理也是神計畫中的一部分。身為基督徒，我們受命順服那些被提升，坐在權位上的人。

但是我們眼見許多事實，有職權的人多半既不敬虔又無能。他們的職權真的是神賦予的嗎？是的，即使他們沒有善用職權，他們的職權仍然是出於神。身為基督徒，我們應當尊重。反抗當權的人，就是敵對神所制訂的秩序，就如保羅所說，我們就必自取刑罰。

顯然，有很多坐在這種職位的人實在不配，當保羅寫這封書信的時候，也遇到這種情形。但是，這個原則不變，仍然有效：我們可能無法尊重這些人的人格，但是我們必須尊重他們的職位。只要他坐在那個職位上一天，我們就必須順服他們。這跟當前的時尚相反。

是 讓我受不了

在一次職業訓練講座上，有人私下問我：「我比較年長，對我的上司很尊重，為他做很多別的助理不會、也不願去做的事。他們對我的所為很不滿，說我讓他們很沒面子。你看呢？」

他一向受教，要尊重當權的人，甚至幾乎到畏懼的地步。但是從六十年代開始，就是對權威強烈敵視的年代。這個年代的人，受教要抗拒權勢，向所有權威挑戰。羅馬書第十三章教導基督徒要順服權威。今天看來，這種教導真的是太過時、太老舊了，已經不再適用。

但是在商業界的基督徒，就是要從這點開始著手。彼得前書2：18甚至說，我們不僅要順從那些好的、懂得體貼的主人，連那些嚴厲、難相處、令人厭惡的主人都得順服。順從和敬畏當權者的原則仍然適用。如果我們不願意接納這項屬靈原則，就是自找麻煩了。

應當記住，我們是憑信心、而非依情緒來應用這項原則。你要先為這事禱告，讓它融入你生命中，求神改變你的心態，改變你的思想，使你能接納那個職權。容易嗎？當然不。有效嗎？是的，它行得通的。當你應用這項原則時，就有資格領受神的祝福了。再者，祂甚至有可能改變局面。不過，無論如何，通過順服，你會找到真正的自由，得到釋放。

為你的行政管理部門禱告

改善你與管理部門的人際關係，另有一個非常重要的原則，是記載在提摩太前書2：1-2：

我勸你第一要為萬人懇求、禱告、代求、祝謝；為君王和

一切在位的也該如此；使我們可以敬虔、端正，平安無事的
度日。

當為那些掌權的人代禱，為能與他們和睦相處代求。切記，
你與當權者的關係如何，跟你的屬靈生命如何，有絕對的關係。
為當權者代禱，是平靜安穩的生活不可或缺的要訣。

你有沒有經常為你的上司（們）代求？我們應該從這裡著
手，除非你開始為那些職權高過你的人代禱，你不可能看見自己
的心態或對方的行為，有所改變。

為當權的人代禱，該用什麼方式最好？首先要為他們的屬靈
生命代禱，讓他們也能進入耶穌基督的恩典中（如果他們還未蒙
恩）；使他們能秉公行事；為公司、員工、顧客的權益著想；妥
善經營和管理公司的運作。根據你所知道的，也為他們的家屬代
禱。

更要為你自己對他們的心態禱告。不管你是否能尊重他們，
求神使你尊重他們的職權，適當的順服他們。求神幫助你，以神
的眼光來看待他們。求祂幫助你，能超越那些因他們而引起的厭
煩、不便、或沮喪，看見神在你生命中的這些關係上，有祂永恆
的心意。

這樣的禱告，保證會改善你與管理部門的關係，也能賦予你
過去對人欠缺的體諒，減低你在這種關係中所承受的壓力，使你
成為更稱職的雇員，做更好的工作。不管職場周遭的景況如何，
都能為你自己的生命及心靈，帶來喜樂和平安。

保護你的老闆

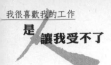

是 讓我受不了

聰明的雇員，懂得在他們不成文的工作職責裡保護老闆，其中包括如何使上司看來更體面。這個世界使用這項原則，做玩弄的手段，但是身為基督徒，我們有不同的理由。哥林多前書13：67描述，我們需要在生命中孕育的愛，是像神的愛那種的愛。那種愛「不喜歡不義，只喜歡真理；凡事包容，凡事相信，凡事盼望，凡事盼望，凡事忍耐。」

身為基督徒，我們要始終尋求在生命裡擁有神的愛，並讓這愛通過我們湧出來，澆灌在我們周遭的人（包括上司）身上。因此，我們當盡所能使他們更體面，不是玩弄手腕，而是因為神的愛，激勵我們去保護他人，不受惡意的揭發；為他們所成就的好事高興，不幸災樂禍；並盡可能遮蓋他們的過失。這樣做，當然不意味我們有分於任何非法或不當的掩蓋勾當。但的確意味著我們不參與常常聽到的、對行政長官的謠言及人格謀殺。

有關如何對待當權者，所羅門給我們很好的建議：

你不可咒詛君王，也不可心懷此念；在你的臥房也不可咒詛富戶。因為空中的鳥，必傳揚這聲音，有翅膀的也必述說這事。（傳道書10：20）

如果你在上司背後中傷他，遲早這些話都會傳到他的耳朵。你知道嗎？飛鳥會傳達你所說的話！參與這種背後中傷人的閒話，是非常不智的行為。「背後中傷」這種行為既不仁慈，也不友善。

不講理又無能的老闆

曾經有人告訴我，你可以從無能或惡劣的老闆身上，學到跟好老闆同樣多的功課。我想這種說法蠻真實、貼切的，只是這種學習比較困難、痛苦！我收到很多書信告訴我，跟這種懶散，做事沒有條理，沒有經驗，不夠資格，或不能稱職的人一起工作的苦經。還有人是跟採用不道德、缺乏效率，或者違反公司政策的方式行事的上司工作。遺憾的是，他們多半缺乏處理人事的技能，又不肯接納任何人的建議或幫助。

為這種人工作，基督徒的責任在哪裡？所羅門再次提供我們很好的意見：「恆常忍耐可以勸動君王；柔和的舌頭能折斷骨頭。」（箴言25：15）雖然你對你的「統治者」的憤慨確實情有可原，但是仍然需要一再忍耐，不要動怒。最重要的是，保持柔和的舌頭。用耐心和柔和的言語，那麼掌權者很有可能被說服。如果你想改變老闆的行為舉止，那麼就要禱告，讓這項屬靈原則成為你生命中的一部份，然後觀看情況的演變。

讓我們再思考彼得告訴我們的：

你們作僕人的，凡事要存敬畏的心順服主人；不但順服那善良溫和的，就是那乖僻的也要順服。（彼得前書2：18-21）

在論及處理那些蓄意傷害我們的同仁時，我們也談到這點。若那同仁就是老闆，也同樣適用這項原則。當我們以耐心對付不講理的經理時，我們會得到特別的回饋。我們要討神的喜悅，跟隨耶穌的腳步。請好好思考這兩種獎賞的衝擊力。

尋求討神的喜悅

　　這表示神喜悅你，你把喜樂帶進祂的胸懷。當你在不講理的經理手下，心存忍耐與恩慈的時候，你帶給神榮耀。我絕對可以向你保證，討神喜悅，勝過那種經理所帶給你的痛苦或挫折。當你瞭解自己願意運用這項原則，因而討了神的喜悅時，你就可以接納那個經理，甚至憐憫他。

　　我多年前寫的《基督徒在職婦女》一書，有一章標題是「難以相處的老闆」，裡面論到我跟這種老闆相處的經驗。這個老闆的管理方式既令我生畏，又讓我蒙羞。難以想像神如何通過那個共事的關係，教導我！現在我可以誠實的說，那是神在我身上所成就最美的善事之一，祂藉著那個人際關係，領我走上成熟的路途，為我後來所承擔的事工鋪路。

　　在應對這個老闆的過程中，我學到一項重要的功課：超越他的行為去理解他個人生命的困境。我記得自己在會議後獨坐，想到他先前導致我深受挫折、痛苦的行為，我為他感到難過，因為他跟主耶穌沒有建立個人的關係，自然也就沒有那「惟有通過祂」才能得到的喜樂跟平安。

　　一旦學會以神的眼光來看待他時，我所感受到的壓力立刻顯著的降低，我的耐力也增加了，因此討了神的喜悅。當你內心裡有莫名的平安，你就知道已經討了神的喜悅。當你個人不再因不公平的待遇而厭煩時，你就知道已經討了神的喜悅。你會看見自己能以恩慈相待。

　　知道自己討了神的喜悅，那種甘甜是無法以言詞描繪的。盼望你在人生旅途中已經有這樣的經驗，知道我在講什麼。這種體驗比世上任何事物都值得，你會達到一個境界，就是不得不為所遭遇的困難，感謝神！是這些困難把你帶到能討神喜悅的境界。

跟隨耶穌的腳步

以耐心、恩慈處理一個不公平、不講理或無能的經理，會使你與耶穌之間，擁有一個獨特的關係，因為你經歷了祂所經歷的那種苦楚：受不公待遇的苦楚。

我從未選擇受苦，你也不曾。但是受不公待遇的苦楚來到，你能看見它是神手上的工具時，你就會發覺，自己能有份於耶穌當年所忍受的類似苦楚，是何等的榮幸。

但願我能找到適當的言語來形容，因為除非你也親身經歷過，否則很難理解或相信。能把你帶到讓你願意承受不公待遇的苦難中的任何境遇（只因為那是神要你如此承擔），它們就會轉變成你生命中的祝福。那些境遇包括困難、不隨和、不公平、不可理喻和無能的老闆。

當然這並不表示你上司的行為是對的，也不表示要把不合宜的行政管理方式合理化或掩飾錯誤的行徑。不過它的確讓你像約瑟一樣，把邪惡的用意轉變為成就善事的工具。就像約瑟說的，「從前你們的意思是要害我，但神的意思原是好的，要保全許多人的性命，成就今日的光景。」（創世紀50：20）

你看，靈魂的仇敵「撒但」，太願意毀掉你的見證，奪走你通過這個艱難關係所能得到的喜樂。但是，當你反轉過來對付撒但，這個小偷！撒謊的！讓神把他的作為轉變為對你有利，你就戰勝了地獄的權勢。讓我告訴你，那種感受真是美好！

神或許會帶領你採取某些行動，去揭露或改變不正直的行政弊案。祂也可能指示你，為了公司和其他員工的利益，去跟經理對質。不過，在你去之前，務必要允許神轉變你的心，把你提升到樂意為祂承受不公正待遇的苦楚的境界。這會是一個全然不同

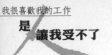

的經驗，它會在你與主同行的旅程上，帶你進入沒有其他任何
事物可以帶你進入的靈命深度成熟裡。你絕對不願意錯過這樣
的機會！是不？

個人成果審查

如果你是在一個令人很難相處的上司手下工作，你跟他的問題
出在哪兒？（如：無能、溝通不良、或存不合理的期望。）

你能做什麼，或你願意做什麼，能以基督的樣式待他？（舉例
來說，為他禱告，祈求神讓你的心態改變，願意順服他的職
權，或盡你所能去保護他。）

第十三章

人際關係改善的喜樂

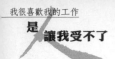
是讓我受不了

　　如果你像我一樣，也是一個以「果效」為中心的人，就會常常尋找事物的基本意義或果效。所以，我自問，好吧！祈求神的恩典，把別人擺優先，無條件的愛他，願意「多走一里路」，做建設性的對質，然後呢？會有什麼不同的果效呢？

　　最重要的不同是，那從順服而來的喜樂。我確信，你在自己與神同行中已經發現，當你活在順服裡，你的喜樂是豐豐盛盛的。如果你身為父母，就該知道當孩子聽話，肯照著做時，家裡的氣氛有多麼喜樂，你能盡情享受家庭生活的溫暖。因此，你所面對的挑戰是，要如何幫助孩子理解並相信，順從是比較聰明的選擇。

　　我們跟父神的關係也是一樣。順服神總是比較好！如果這是唯一的益處，應該也足夠了。但是好處並不止於此。神給我們這些原則是基於很好的理由：**祂的方法行得通，我們的行不通**。所以當我們在人際關係上，順從祂的原則來待人處事，就會發現生活更安逸更舒適，因為那些摩擦的人際關係有了大幅的改善。假若你還有所質疑，或需要再多一點的鼓勵，那麼我就以幾個我認識的人，他們的親身經歷作結束。這些人順服神的原則，於是經歷了神奇妙的工作，改變了他們在職的人際關係。

施田的故事

　　我的朋友施田，現在是我們教會專職的牧師。進神學院深造之前，施田已在職場上工作了十年，是一家著名的貨運公司

經理，督導二十多個屬於勞工工會的司機。對進入全職事奉的人而言，這是最被看好的經歷。

施田一進入職場就發覺，不管是督導或司機，都抱著彼此對峙的心態。他們基本上都認為，督導和司機不可能有真正友好、協調的關係。所有的美好都只是表面的，底下隱藏許多彼此的不信任。司機多半都不願主動做超過該做的工作，所以督導就得常常緊迫盯人，讓貨物、包裹能準時運送。

起先，施田也如法炮製，照一般經理的行徑，以苛刻、粗暴的態度對待司機。不久，他就發現此法行不通。他開始自問，要如何激發這些不自動自發的人呢？既然他是一個很肯追求的基督徒，施田知道他需要把基督的愛及關懷，與他所督導的男女同仁分享。因為神愛他們，看重、珍惜他們。他決定向當時一般人普遍持有的負面心態挑戰，要跟他所督導的司機建立健康的關係。

施田開始個別認識他們，關心他們的家庭狀況。如果有困難，就表示關懷，做他能辦到的事。有時也抽空跟他們一起共進午餐，而且讓他們知道，他會撥出時間讓他們有機會就近他。換句話說，他開始搭起友好的橋樑。

因為施田拒絕說謊，不加入任何欺詐行為，不久就在他督導的同工中，慢慢地建立起信譽及聲望。然而，他也常常令他們厭煩，因為他不隨著他們去撒謊或做不道德的事；但是也就因為他堅守立場，終於贏得他們的敬佩。

沒多久，他們開始稱呼施田為「神的孩子」，那是個親密的暱稱，因為他們認出施田的確與眾不同。施田並不在午餐時間講道，也沒有每天早上發單張。他只是努力追隨基督，對人活出愛的心態。

當然，許多時候施田也需要譴責下屬。有些人想打混，能少做就儘量少做。施田知道要求員工達到適當、合理的生產效率是他的責任。他說，要求員工達到預期的工作效果，同時又要對他們存著愛心，確實是持續不斷的掙扎與挑戰，他需要擺上許多的禱告及從神而來的智慧。當他與他們對質的時候，總是小心選擇用字，儘量不讓對方感到尷尬。

施田提醒我，他並不是每件事都做得對，他的動機也不是經常單純。他記得曾經有一次失控，發火用嚴厲、憤怒的口吻對一個員工吼叫。這種事在那公司裡是司空見慣，但施田知道他的行為不當。他去找那個司機，為自己的失控，向他道歉。那個員工淚盈滿眶，對施田說：「你不必這樣。」（順便一提，離開幾個月後，施田回去看他們，這個人告訴他，他已經成了耶穌基督的門徒。）

他那群員工裡有個人，工作表現一直低於同事的水平。施田和另兩個經理召他來會談。當三個經理開始數落他的短處時，那個司機辯稱他是基督徒，所以他的工作不會有問題。

施田知道這並不屬實，就平靜的請另兩個經理讓他跟司機獨處幾分鐘。一等沒有外人，施田以同是基督徒弟兄的身分，而非以上司對下屬的身分，向他對質。他以愛心道出事實，說明行政管理階層對他的看法。他說這些非基督徒的經理，視他為態度惡劣、遊手好閒的人。施田告訴他必須改變工作習性，做該做的，別再提自己的信仰，因為對耶穌基督的名而言，他的所為絕不能為神帶來美譽。

這個雇員接納了施田的告誡，馬上找那兩個經理，為自己的失職向他們道歉，並答應改進。那兩個人很驚異，問施田到

底他說了什麼話使這個員工願意過來道歉。施田回答：「嗯！我
們說『自家』的話。」

在處理這個人跟其他司機的事上，施田之所以成功，是過去
他花時間跟他們建立了良好的關係和互信的結果。當他離職要去
神學院深造時，工會的人為他舉辦歡送會，送他一本聖經，很傷
心的跟他道別。施田的上司告訴他，工會的人從來沒有為任何經
理級的人開過歡送會，也從來沒有聽過有這麼回事。幾個月後他
回去探望他們，令他驚異的是，這些壯漢過來擁抱他，問他什麼
時候可以再回去加入他們的行列！

施田說由於挫折感，他曾多次失去耐心，以致於舉止不當，
但是他拒絕接受現狀。 反之，他以基督的樣式，把員工擺第一，
「先」考慮他們的權益，表露無條件的愛，聆聽他們的需要，並
以建設性的方式向他們對質。神的這些原則，在施田的工作中表
露無遺，成果非凡。藉著實踐這些原則，施田在他們中間，留下
一個強而有力的見證，見證耶穌在人的生命中，確實會帶來令人
震撼的改變。

天雅的故事

我的朋友天雅，在芝加哥的一家大銀行工作。她是個勤奮的
工作者，更是耶穌的門徒，真誠地把自己的職場當作宣教工場。

有一段時間她跟一個名叫佳樂的人共事。她認為佳樂是她的
好朋友，他們的工作關係很好，常常共進午餐，彼此溝通。天雅
是那個部門唯一的非裔美國人，但是她並不認為這會是問題，以

為同事們也這麼想。可是在一次閒聊中，佳樂對她說：「我們不可能成為真正的朋友，因為妳是黑人。」天雅很震驚，才恍然大悟，原來這個跟她相處這麼久的人，對種族的差異仍然懷有那麼狹隘偏差的心態。

對天雅來說，這事當然令她心痛。她很想放棄這份友誼。究竟誰希罕！（我想我也會這樣反應。）她開始以懷疑的眼光，觀察部門裡其他的白種同事，猜想他們對有色人種都一樣懷有歧視。

但是神給天雅另外的指示，包括開始著手進行「去愛」的方案，如每週邀約一個同事共進午餐，由她請客。目的是讓天雅有機會認識其他白種同事，也讓他們認識她。

她發覺，她讓佳樂的歧視在自己內心孕育錯誤的心態。所以這個「去愛」的計畫不僅是要幫助別人對她有正確的看法，也是要保守自己有正確的心態。天雅看見神要使用這個「去愛」的方案，在那部門裡建造親密的關係，幫助她以超然的眼光對待他們。

之後，天雅認為有必要向佳樂對質。她在怒氣、憎恨消除後才去找佳樂。她告訴佳樂，那次的談話如何影響自己，對佳樂懷有那種歧視甚感徬徨。結果打開了他們之間長談的機會，進而談到佳樂對非裔美國人的成見。天雅才知道是佳樂的雙親和大家庭，把這種偏見流傳下來。

最後佳樂向天雅道歉，承認自己錯誤的態度，並確認天雅確實是她的好朋友，她非常珍惜她們之間的友誼。

雖然她們不再共事，但是這兩個人仍然保持聯繫。實際上，佳樂從來沒有忘記寄生日卡給天雅。有一次佳樂寄來的卡

片上說：「喔！天雅，妳就像是我的家人。我當然不會忘記妳的生日！」

佳樂真是走了一段很長的路才有所突破，這要歸功於那個「去愛」的方案和天雅樂意讓創傷過去，以恩慈來處理問題。當你願意「多走一里路」，放棄自己該得到合宜對待的權利，就能使本來可能成為痛苦記憶的事，變成一個神成功改變人際關係的故事。

羅凡的故事

羅凡在一家實驗室工作多年。他經驗豐富、工作勤奮、效率超高，並且還持有美好的心態。簡而言之，他是那種人人都會喜歡一起共事的人。

然後他碰見這麼一個同事，就叫他林達好了。林達是第十一章所講的那種霸道型的人，所到之處總是破壞他工作和生活圈內的人。林達很有野心，蓄意要儘快爬到最高層，而羅凡正「站」在他往上爬的道上。

當林達與上層行政人員培養了符合一般政策要求的關係時，他開始製造有關羅凡的謊言和欺騙。雖然羅凡擁有長久優秀的紀錄，林達仍成功的毒化那些主管的思維，與羅凡敵對。結果羅凡承受許多不公平的待遇。

羅凡急切需要反轉情勢，但是當他為這個困難的人際關係禱告的時候，主給他的話語是「等」。結果這一等就是兩年漫長的等待！在兩年的等待中，羅凡要每天面對林達，而且知道他在刻

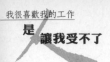

意破壞自己的名譽。那階段羅凡花很多的時間禱告，神也賜給他能力去等待，不反擊。

兩年之後，真相實情才開始浮出枱面。一個意外的疾病把林達送進醫院，使他有好幾個月的時間上不了班。行政管理人員才看穿林達的謊言和詭詐。很顯然的，是林達搶了羅凡勤奮工作該得的業績。

神獎賞羅凡的忍耐，他得到公司的服務卓越獎。但是對羅凡來說，最富意義的是上司給他的一封信，一封充滿了讚揚的信。**藉著允許神為他打贏這場戰爭，而不是靠自己的能力去報復，羅凡「眼見」神的救恩。**另一方面，林達從未實現他的雄心，不久就被迫退休。

多佳的故事

多佳在一個外交使節團工作，負責讓前來應徵的人參加聘用資格考試。考完試，她要打分數，並加上自己對應徵者的印象或意見，然後跟人力資源室討論。之後，由人事主任再與每一個通過筆試的應徵者面試。

多佳認為她的任務只不過是提供有關應徵者的附加資訊而已，她提供的評語應該是機密性文件。

有一天多佳測驗一個年輕人。她對那個人的看法，再加上那人考試的情況和成績，都讓多佳覺得，這個年輕人可能不是那個職位的理想人選。她把自己的疑慮跟人事主任分享，但她也保證，如果人力資源室決定雇用他，她會協助訓練那人。

　　後來他們決定雇用他（叫他馬連吧！）多佳被指派去訓練他。開始的幾個星期，多佳就發現他們之間處不好。馬連對她賣力的訓練沒有反應，而且對待多佳冷淡、無禮。

　　過去還從來沒有人這樣對待多佳。她為這事多方禱告，求問神為什麼讓馬連這樣不合適的人加入他們的行列。事態漸漸由壞轉劣。馬連甚至還找到一個同事幫腔。多佳無法想像自己到底做了什麼，該受這種待遇。

　　隨後多佳向馬連對質：「我什麼地方得罪你了？我無法理解你為什麼這麼討厭我。」馬連的回答讓多佳震驚。「當我接受面試的時候，曉單告訴我妳對我的評語。他說妳不要我在這個部門跟你一起工作。上班後，我發覺妳好像是行政經理的寶貝，很得寵，不會犯錯似的。」

　　多佳很心煩、苦惱，擔心那份應該保密的評語已經被傳給馬連了。多佳問馬連他們是否可以就這事談談，但是他不願意。

　　多佳含淚回家，跟丈夫分享。他們倆一起禱告，求神教導她該怎麼做，才能讓馬連知道自己並不是不喜歡他。

　　然而事態繼續惡化。最後不得不安排一個對質的機會，行政經理、人事主任、馬連和多佳都出席。多佳以為這樣的話，會讓主任清楚是他自己傳話給馬連才惹出這個麻煩。她想，「神會照我的心願做成這事（就是要馬連辭職，因為我比他先來，我不會辭職！）」

　　會議上多佳指出，人事主任把屬於機密性的評語傳遞出去，使她與馬連的工作關係還沒有建立，就已經遭破壞了。但是人事主任另做他想。結果，會議是以主任忠告馬連需要改變態度，多佳必須接納馬連作結束。兩個人離開會議室時，都覺得沒

有成就任何事。

之後有一天，別人都吃午餐去了，馬連要求跟多佳說幾句話。他說多佳跟他以前所認為的人不同。他發覺即使自己很不隨和、很難相處的時候，多佳仍常常善待他，他想知道為什麼。他們談了整個中飯時間，之後也經常聊。最後多佳才能告訴他，神有多愛他，多希望他能夠認識祂。

結果，馬連和多佳成了蠻好的朋友。兩年之後，馬連離開公司，到一個離家比較近的地方工作。每當他遇到問題、困難或需要幫助的時候，還會打電話請教多佳。不久他又回到公司，作了幾個月半工兼職的工作。

多佳說：「我不知道他是否接受了主作他個人的救主，但是他一直都在我的禱告中。每當我回顧這段經歷的時候，不能不感激神教導我的許多功課。基督徒和非基督徒每天都睜著眼觀察我們，看我們的舉止行為是否成為人認識神的絆腳石。」

結論

我盼望你會認為這本書對職場人際關係的建議既實際且具啟發性。我建議你現在就從中挑選幾項來操練。

如果我們一口氣要做許多事，會很容易喪志。所以先取其中一、兩項你認為自己最需要改進的地方，開始為這些禱告。然後藉著神的恩典，在你的職場生活裡將神的原則付諸行動。

我保證成果會大大地激勵你。當你待人處世的技能改進了，你的精神壓力會相對的減低，工作效率會提高，工作、家

庭、孩子和生活享受會提升，而更重要的是，你為耶穌基督所作
的見證會更堅強有力。

　　重要的信息是，當我們屬神，當我們在主裡重生，我們就有
聖靈的能力，使我們把神的原則付諸實踐。就像保羅在帖撒羅尼
迦前書5：24說的，「那召你們的本是信實的，祂必成就這
事。」

　　這豈不是很令人難以相信嗎？神呼召我們過聖潔的生活，謹
守僕人的心態，讓人優先，有憐憫，對我們來說，這些沒有一樣是
與生俱來、輕而易舉的。所以保羅說，那召你來活出這個生命（主
耶穌自己的生命）的，會信實的為你成就祂呼召你去作的工。

　　這是基督徒生活中，令人驚異又自相矛盾的事項之一：**我們
不能，祂能。**

　　記住這點：

　　祂從來沒有說我能，因此我向來不能。
　　祂應許祂能，因此祂總是能。

　　我祈求神，因為神在你生命的權能，使你看見自己的人際關
係大大改進。我引用使徒保羅的話作結束：

　　我們該為你們常常感謝神，這本是合宜的，因為你們的信心
　　格外增長，並且你們眾人彼此相愛的心也都充足。（帖撒羅尼
　　迦後書1：3）

願這經文在我們身上成為事實。

讀者心得

讀者心得

職場生活叢書系列（二）

你能
從「九」爬到「五」
而非只在職場苟延殘喘！

魏梅立◎著
鄧明雅◎譯

不管是在什麼樣的職場上，你都可以學習如何在事業上成功，而非僅僅倖存！

你是不是在職場上那數百萬受壓力折騰，只能苟延殘喘，拖過一天算一天的人之一？其實，你不必如此！不管你的處境有多艱難，你仍然可以學習在事業上有所成就，而非只是勉強度日而已。

魏梅立幫助了美國成千上萬人在職場上找到快樂與滿足；在工作習性上達到更佳的果效。

《如何從「九」爬到「五」》使用簡易的自我檢測及快速的審查表格，對關注個人成長的人來說，確實是一本既實際，又實用的指南；對人事主管編製員工訓練課程來說，是個很有價值的實用工具；對成功的職場來說，更是技巧運用所需的參考書籍。不管你的職場角色如何，在這本書裡你會找到及時的建議和正確的原則，走出「奄奄一息」的處境，在職場如鷹上騰！

魏梅立從她作IBM的銷售員到她目前從事職業訓練的工作，具有二十年以上在職的經驗。她主持「基督徒在職婦女」全國性的廣播節目，並著作了下列書籍：《是「人」讓我受不了》和《凡雅與耶穌在職場》等書。

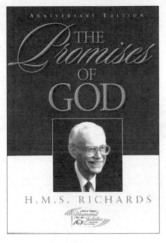

每日靈修書

耶和華神的應許

李查◎著
鄧繼依、鄧明雅◎譯

　　認識李查的人認為他是耶和華神所賜給我們的精選珠寶：一位有異象的先鋒、正直的傳道者，一個屬神的人。

　　李查是學者，酷愛書籍，好學不倦。他更是一個勤讀聖經的門徒，口袋裡總揣著一本聖經。他經常尋找各種知識領域的資訊、事跡及名人被引用的字、句，使所講的信息生動、新鮮。

　　他是使用廣播傳講福音的開路先鋒，常夢想有一天基督徒能以衛星轉播方式，在世界各地，隨時播放福音。

　　李查相信禱告會得到令人難以置信的應答。他每天的生活中充滿了神蹟奇事。他深信神提供奇妙的答案，我們只要緊抓「耶和華神的應許」，接上禱告能力的電流，便能擁有豐富的人生。

　　你是否渴望跟耶穌建立更有意義的關係？那麼藉著這本書，讓祂點燃你的心，找到與主更親密的同行吧！

作者李查（1894-1985）
1929年他設立了「預言之聲」，全球歷史第二悠久的全天候福音廣播電台。受來自各個不同信仰的聽眾愛戴，李查啟發千萬人的心靈。他在1956年出版的靈修書籍，現在要再一次為這新的一代，啟發人對神的信心。李查與讀者分享他生命中最重要、穩固的基石。他說：「我一生最大的發現是：原來我是個大罪人，但是耶穌是最偉大的救主！」

半顆蘋果／好兒童故事集 1

「好兒童故事集」套書，內容真實溫馨，圍繞一家六口的生活點滴，讓你讀完自然會心一笑。說故事高手的爹地，最會用故事來教導小孩。你想知道「半顆蘋果」的精采故事嗎？快點翻開書吧！

全彩平裝 ▶ 定價180元

拯救金絲雀／好兒童故事集 2

書中每一則故事都具有寓教於樂的意義，尤其是「拯救金絲雀」這篇故事，更看出孩童的赤子之心，使做家長的都被孩子的純真感動，願意冒險一試。

全彩平裝 ▶ 定價180元

神秘的騎士／好兒童故事集 3

「神祕的騎士」一段令外婆終身難忘的故事，它述說著當年來到美國西岸的艱苦路程。麗莎和米諾雖聽到忘神，但他們真的相信這個既神奇又刺激的神蹟嗎？外婆說，那名上校三更半夜聽到有人告訴他……，如果是你，你會相信嗎？

全彩平裝 ▶ 定價180元

《好兒童故事集》是一套專為12歲以下兒童精心設計的叢書，故事內容全採自日常生活所發生的點點滴滴。「小小故事，大大寓言」是造就兒童品格最寶貴的教材。

全套共5冊，第1~3冊已發行，將陸續發行第4、5冊。

穩固根基 每日靈修書

每日靈修書，提供全年365天的靈糧，日日從新得力。保守自己常在神的愛中，仰望我們主耶穌基督的憐憫，直到永生。

精裝 ▶ 定價420元

耶穌基督自己

本書只有一個目的：就是請讀者多認識耶穌基督，以便更愛戴祂。作者從自己的講道稿中，節錄值得與同道分享的信仰經驗。

平裝 ▶ 定價200元

山邊寶訓

「八福」是我們每一個人都能從主耶穌那裡領受的八樣屬靈福氣。也是上帝兒女屬靈生命和經驗的八級階梯，它能引領我們在屬靈生命和經驗上不斷攀上登峰造極的境地。

平裝 ▶ 定價200元

聖經故事 全套共10冊

作者馬思威以活潑生動的圖文，依照時間流逝的脈絡，有系統地敘述聖經中的故事。並以淺顯易懂的口吻將聖經中奇妙的智慧，傳達給小朋友。

精裝 ▶ 每冊定價600元，全套6000元。
另有英文版聖經故事。

健康之源

本著健康原理的推廣,希望讀者能實行書中的知識,使個人更健康、醫療看護更衛生先進、社會觀念能糾正,且讓醫藥佈道更能成為耶穌基督信仰之右手,進一步成為人人心靈倚靠的敲門磚。

精裝 ▶ 定價600元

論飲食

懷愛倫在真實的健康改良上,已經成為復臨信徒們許多健康方面的極重要原理,不僅如此,還在身、心、靈各方面提供了不少助益。

精裝 ▶ 定價400元

活躍的人生

研讀本書你將獲得健全的營養食物基本原則,知悉今日一般疾病之起因和治療法;同時可更清楚掌握自己的生活,以達到最健康幸福的境地。

平裝 ▶ 定價200元

享受健康人生

預防及治療雙效飲食法,讓您活出健康、活出快樂,並告訴您長壽村健康的秘訣。

平裝 ▶ 定價280元

國家圖書館出版品預行編目資料

我很喜歡我的工作…是「人」讓我受不了／
魏梅立 著；鄧明雅 譯；-- 初版. -- 台北市；時
兆雜誌社；2006[民95]
面； 公分. -- (職場生活叢書系列；1)
譯自：Getting Along With People @ work
　　　　a guide to building better relationships on the job
ISBN：986-81773-1-6 (平裝)

1.基督徒 2.人際關係

244.9　　　　　　　　　　　　95001085

職場生活叢書系列(一)
我很喜歡我的工作…
是「人」讓我受不了

作者／魏梅立

譯者／鄧明雅

發行人／卓甫剩

出版者／時兆雜誌社

封面設計、美術編輯／尤廷輝

插畫設計／高文麒

主編／卓甫鄉

責任編輯／鄧明雅

文字校對／周麗娟　徐雲惠　宋道明　陳美如

地址／台北市105松山區八德路二段410巷5弄1號2樓

電話／(02)2772-6420、2752-1322

傳真／(02)2740-1448

網址／www.stpa.org

電子郵件／stpa@ms22.hinet.net

出版日期／2006年1月初版一刷

印前輸出／伊奈特網路印前股份有限公司

印刷／旭良文具印刷有限公司

定價／新台幣249元

ISBN／986-81773-1-6

Copyright 2001 by Mary Whelchel. Published by Servant Publications.